新・図解 経済学入門

たった1つの図でわかる!

髙橋洋一

あさ出版

本書は弊社から２０１６年に刊行された
『たった１つの図でわかる！【図解】経済学入門』に
加筆・修正を加えたものです。

まえがき

経済は難しい。

難しいから、考えられない。

世の中には、こんなふうに思っている人が多いようだ。

だから次から次へと一般読者向けの経済入門書が出版され、なかにはベストセラーになっているものもあるらしい。

しかし、それで本当に理解できるのなら、もう入門書は必要ないはずだ。

今も続々出版されているということは、きっと「なんだか、わかったような、よくわからないような……」とか、「これが入門書⁉　ちっとも、わからん！」という、「不完全燃焼」に終わっている読者が、多いということなのだろう。

まさにそんな読者の一人であろう（「ちっとも、わからん！」の急先鋒やもしれぬ）、かの、あさ出版の担当編集者から、今度は「ずぶの素人が〝経済とは何か〟がわかるようになる、本当の入門書を書いていただきたい」という依頼が舞い込んだ。

「いわゆる『売れている経済の入門書』を見かけるたび、『今度こそ！』と思って買ってみるのですが、どれも全然わかりません！」

と、いつもどおりぴいぴい訴える。

経済は複雑そうに見えて、基本的にはきわめてシンプルな世界である。基礎さえわかっていれば、たいていのことはわかるようになるはずなのに、なぜ理解できないのか……。

依頼を受けた当初はいぶかしんだが、「参考文献」として、彼女が今まで不本意にもコレクションした（？）書籍をいくつか見てみて、ある意味、腑《ふ》に落ちた。

図解やイラストで「わかりやすそう」になってはいるものの、内容的にはほぼ経済学の教科書どおり。

「入門」とうたいながら、初心者が知っていても何の役にも立たないような理論まで盛り込まれている。

ひと言で言えば、ちっとも「初心者向け」になっていないのだ。

これでは、あの担当編集者が投げ出しても無理はない。

「簡単に理解できそう」と思って開いてみたのに、小難しい理論がたくさん出てきて混乱し、読み切らないうちに諦める。おそらく、そんなところだろう。

そして、彼女のような人が、たぶん多くいるのではないか。


それから数年。

今なお、一般読者向けの経済入門書は、相変わらず出版され続けている。

彼女の〝不本意な〟コレクションは増えていないと信じたいが、まだまだ「不完全燃焼に終わっている」読者は多いのだろう。2022年末に、私のやっているYouTube『髙橋洋一チャンネル』で、『【図解】経済学入門』（2016年／あさ出版）を紹介したところ、とんでもない反響があった。

版元のあさ出版は重版を考えたが、「せっかくだから」ということで、基本的には前著を踏襲しつつ、最新の情報なども盛り込み加筆・修正したのが本書である。

本書では、無駄な知識はいっさい入れないことにした。

もっと言えば、たった一つの図だけで、経済を説明していく。

・経済の素人が経済をきちんと理解できること。
・理解したうえで、マスコミや学者、政治家の言葉に惑わされず、自分の頭で考えられるようになること。

この2点が、本書の目的だ。

最初から内容を削ることを目的としていたわけではなく、この二つの目的を満たすために、経済の入門書に本当に必要な知識は何かと考えた結果、自然と行き着いたのが、本書である。


読み進めるにつれ、「経済は複雑に見えて基本はシンプル」といった私の真意も、理解してもらえると思う。

「え、本当にこれだけでいいの?」――きっと多くの人がこう思うことだろうが、本当にこれだけでいい。経済ニュースがわかるようになるばかりか、けっこう間違えることも多い学者や識者に、鋭いツッコミを入れることもできるようになるだろう。

経済とは私たちの生活そのものであり、少し大げさな言い方をすれば、経済を理解することが、世の中をよりよくする一端を担う思考力につながる。専門家だけでなく、一人ひとりが自分なりに筋道を立てて、考えられるようになることが大事なのだ。

これから話していく「基礎中の基礎知識」をしっかり身につけたうえで、どう世の中を見るか、先を読むか。

経済というものをもっと肌身で感じ、的確に読み解く「思考の練習帳」として、本書を活用していただければ幸いである。

髙橋洋一

もくじ

第1章 「モノの値段」はどう決まる？

――【ミクロ経済学】需要供給曲線を頭に叩き込め！

第2章 すぐわかる！「お金の政策」の話
――【マクロ経済学】半径1メートルの視野を広げてみよう

第3章 本当はシンプル!「日銀と経済」の話

——金融政策は「金利」と「お金の量」のシーソーだ

第4章 これだけで十分！「政府と経済」の話
――財政政策は、政府がお金を「取る」「借りる」「分配する」

エピローグ これで「自分の頭」で考えられる！

編集協力／福島結実子
玉置見帆
本文ＤＴＰ・図版／朝日メディアインターナショナル

プロローグ

経済の９割は
「たった一つの図」で
わかる！

経済を理解するのに、難しい理論は必要ない

経済の9割は、たった一つの図でわかる。

こういったら驚くかもしれないが、本当だ。正直言えば、ちょっと大げさかもしれないが、9割というのは〝多くの場合〟と思っていただければ、ウソではない。

おそらく、多くの人は一度は「わかりたい」と願い、経済の入門書を手に取っては、挫折してきたのではないだろうか。

ちまたに出回っている経済書には、いろいろと小難しそうな理論が並んでいる。「入門書」とうたっていながら、専門用語がいきなり出てくるわ、アルファベットの

略に、追い打ちをかけるかのような数式の数々。

「よくわかる」などと書いていながら、さっぱりわからない――というところではないか。もしかしたら、ほんの数ページほど読んだ（見た？）だけで、「やっぱり経済は難しい」と投げ出し、本を閉じてしまったかもしれない。

だが、安心してほしい。**本書には、難しい経済理論など一つも出てこない。「たった一つの図」だけで、経済を説明していく。**

じつは、**一般社会で知っておくべき経済を理解するのに、難しい理論は一つも必要ない。**

一つの図を知っているだけで、十分なのだ。

その図こそ、「需要と供給の図」――おそらく、誰もが一度は見たことのある、例の「バッテン形の図」である（図１）。

ひと言で言えば、**経済とは「需要と供給の話」**にすぎない。

「経済を理解する」というと、どこから手をつけていいかすら、さっぱりわからないという人も多いことだろう。

だが、こと**私たちの暮らしに関する経済を理解するのに必要なのは、つまるところ「物価変動」と「経済政策」だけであり、それは「需要と供給の図」一つで説明できるのだ。**

経済学者にでもなりたいのなら、広範囲に及ぶ経済学をひととおり理解できなくてはならないだろう。

しかし、**一個人として社会について「考える力」を身につける限りにおいては、経済書にある理論の大半は「不要」**と言っても過言ではない。

むしろ、**経済を語るのに、いろいろな理論を必要とするのは、本質を理解していない証拠だ。本質がわかっていれば、シンプルに説明できるはず**だからだ。

道具箱に一つだけ万能ツールがあれば、あれこれと用途別の道具を詰め込む必要はないだろう。

図１　ごく一般的な需要と供給の図（需要供給曲線）

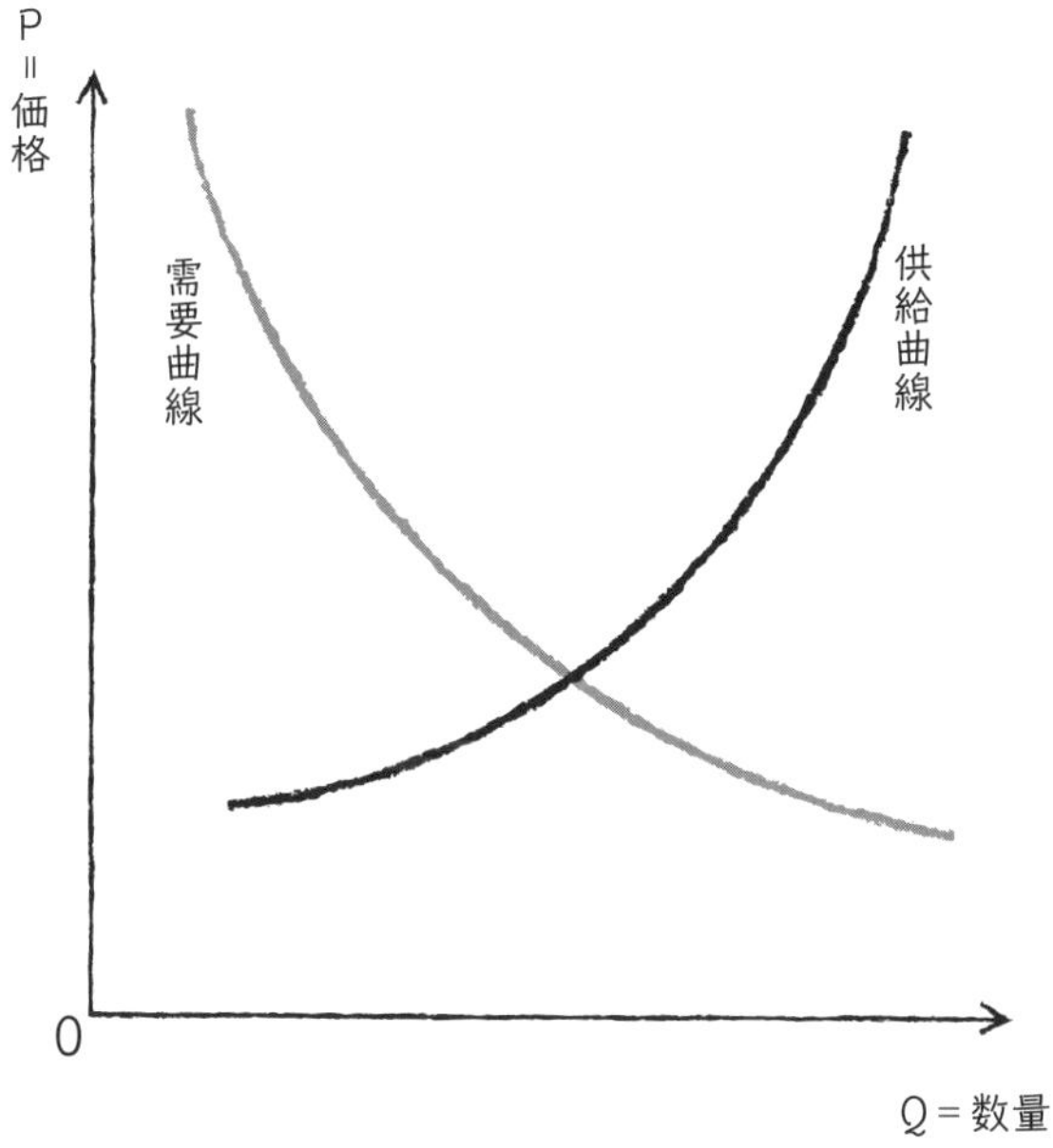

経済では「需要と供給の図」こそが、その万能ツールなのである。

学問の発展に、いわば「理論のための理論」が必要なのとは別の話だ。

複雑な理論は、応用がきかない。

そのうえ、抽象的だったり非現実的な前提を設けていたりするから、実社会で起こっていることを説明できない場合も多い。

一方、**きわめてシンプルな理論は、シンプルゆえに応用がきく。**だから、実社会で起こっているさまざまなことを、それ一つで説明できる。

難しい理論を、いくつも勉強するのは時間の無駄だ。

私からすれば、役に立たないものを、わざわざ時間をかけて身につけようとするのは「物好き」である。それはそれとして否定はしないが、**たった一つ「需要と供給の図」について狭く深く理解するメリットは知っておいたほうがいい。**

あの「バッテン形の図」さえ頭に入れておけば、世の中で起こっている経済のあれこれの大半がわかるようになるのだ。

学校で習った「需要と供給の図」、なぜこんな形になる？

ではさっそく、基本となる「需要と供給の図」を説明しよう。

あの「バッテン形の図」は、いったい何を示すのか？

需要の曲線と供給の曲線が、あるポイントで交わっている。交わるポイントによって価格が変わる。

たしかに、そうだ。

しかし、そもそもなぜ需要と供給の曲線は、こんな形になるのか？

こう聞かれたら、黙ってしまう人が多いのではないか。

まずここから説明していこう。

ほぼあらゆるモノには、「市場」がある。

市場とは、モノが売り買いされる「舞台」のようなものだ。消費者と生産者が、「いくらで売り買いするか?」という意識を持って、集《つど》っている場所と考えればいい。

そこで、仮に100人の消費者が、ある商品について「いくらで買うか」を考えているとイメージしてほしい。

何人かは「100円で買う」、何人かは「200円で買う」、また何人かは「300円で買う」……というように、値段の希望はそれぞれだ。

これを、値段の高い順に並べると【図2】のようになる。

その一方で、その商品の生産者たちが100人いる。

彼らは彼らで、「いくらで売ろうか」と考えている。

「900円で売る」という人たちもいれば、「800円で売る」という人たちもいるし、また別の何人かは「700円で売る」……というように、生産者もまた、値段の

図2　消費者の図

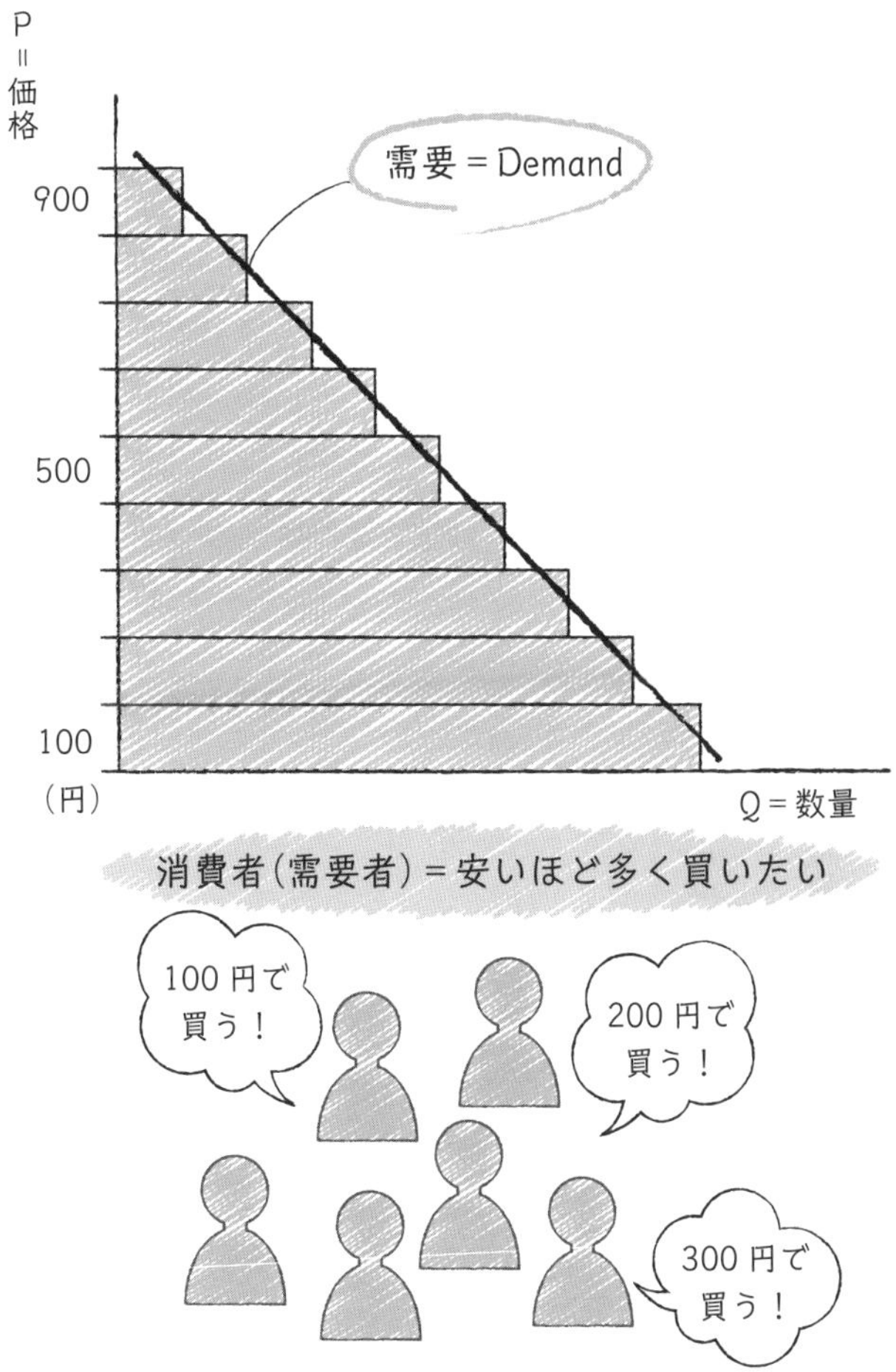
P
=
価格
900
500
100
(円)
需要 = Demand
Q = 数量
消費者(需要者) = 安いほど多く買いたい
100 円で買う！
200 円で買う！
300 円で買う！

希望はそれぞれである。

これを、値段の高い順に並べると、【図3】のようになる。

以上の【図2】【図3】の二つの図のうち、前者は消費者のものだから、「需要＝Demand」を示している。

一方、後者は生産者のものだから、「供給＝Supply」を示している。

この二つの図を重ねた【図4】が、「需要と供給の図」なのだ。

ところで、なぜ【図2】の需要曲線は右下がり、【図3】の供給曲線は右上がりになるのか（一般的に〝曲線〟といわれるが、本書ではわかりやすく直線で示すものとする）。

それは、**消費者は「より安く買いたい」**、**生産者は「より高く売りたい」からだ。**

誰だって、売るときはより高く売りたいし、買うときはより安く買いたい。自分に当てはめてみれば、すぐイメージがわくだろう。

つまり、【図4】のQ（数量）は、売れる個数を示している。

図３　生産者の図

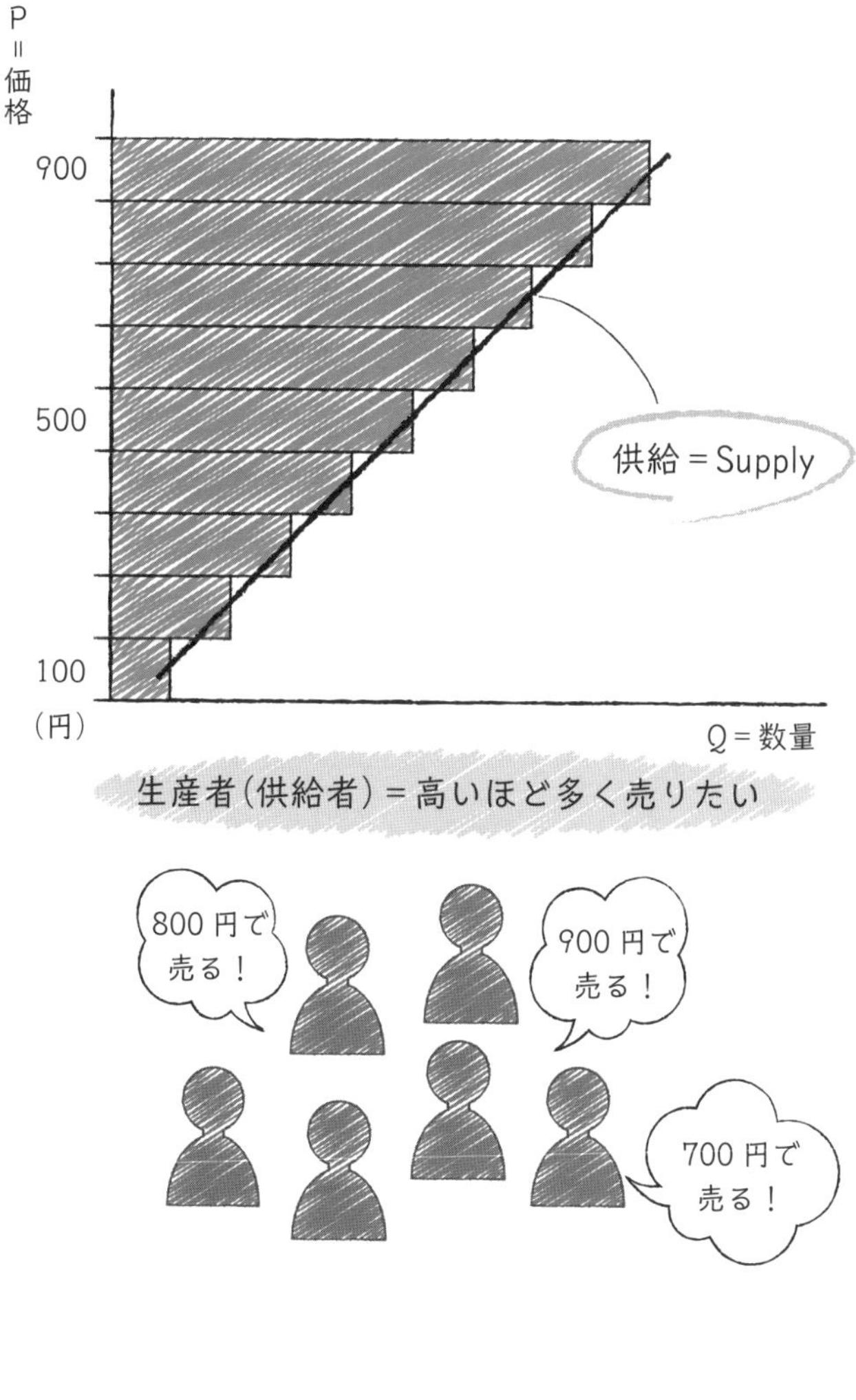
P
=
価格
900
500
100
(円)
Q＝数量
供給＝Supply
生産者(供給者)＝高いほど多く売りたい
800円で売る！
900円で売る！
700円で売る！

買い手たちにとっては、値段が低くなるほど「買う個数」は増え、売り手たちにとっては値段が高くなるほど「売る個数」が増える。

言い換えれば、**需要曲線に対しては「買う数の多さ＝需要量」、供給曲線に対しては「売る数の多さ＝供給量」を示している。**

だから、**需要曲線は右下がり、供給曲線は右上がりになり、「需要と供給の図」（図4）は、例の「バッテン形」になる。**

さて、消費者と生産者の「買いたい値段」と「売りたい値段」の図が重なったところで、両者のマッチングが起こる。

真っ先に取引成立できるのは「900円で買いたい人」と「100円で売りたい人」だ（ここでは0円は除外する）。

【図4】で言えば、一番左端の消費者と生産者の組み合わせである。

次に「800円で買う人」と「200円で売る人」、「700円で買う人」と「300円で売る人」……という具合に、だんだん互いの差額が小さくなっていく。

そして、消費者と生産者の希望が、ピッタリ合わさるポイントにたどり着く。

図４　需要と供給の図はこうしてできる！

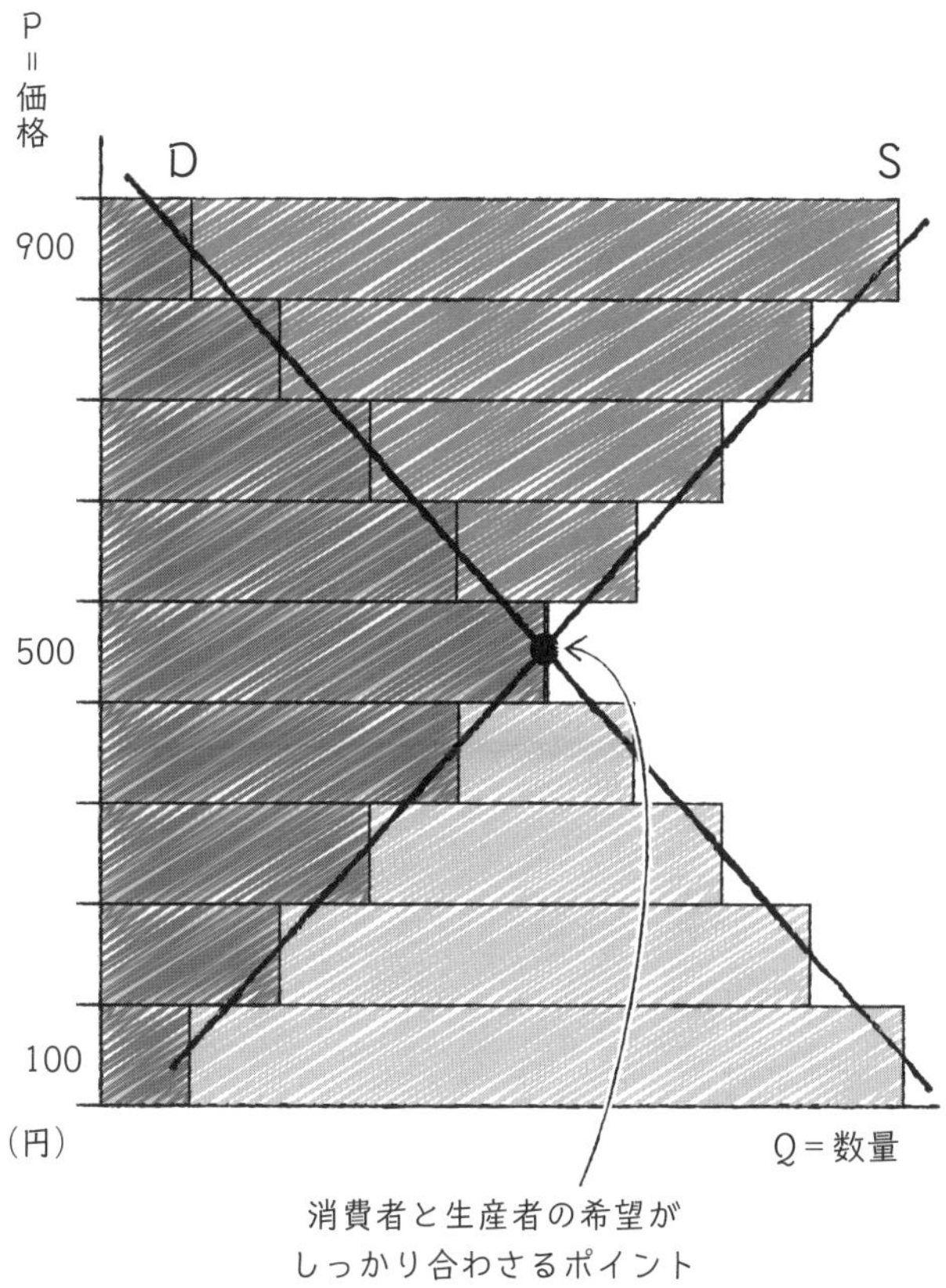

需要曲線は右下がり、供給曲線は右上がりになり、
「バッテン形の図」となる。

【図４】で言えば、「５００円で買う人」と「５００円で売る人」がいる地点だ。
それ以降は、「より安く買いたい人」と「より高く売りたい人」になっていくから、取引はできない。

市場とは、モノの値段を一つに定める場所であり、実際には「９００円で買う人」と「１００円で売る人」、「１００円で買う人」と「２００円で売る人」というふうにバラバラの取引は成立しないと考える。

したがって、**より多くの消費者と生産者が納得できる価格に落ち着く**ことになる。**それが、需要と供給が交わったポイント**というわけだ。

「モノの値段」とは、こうして定まるのである。

ここでは１００人の消費者と１００人の生産者で説明したが、実社会では同じことが何万人、何十万人の規模で起こっていると考えればいい。

ちなみに、その商品の値段が５００円に決まったら「９００円で買う」と考えていた消費者は４００円、「８００円で買う」と考えていた消費者は３００円、より安く買える。

図５　消費者余剰と生産者余剰

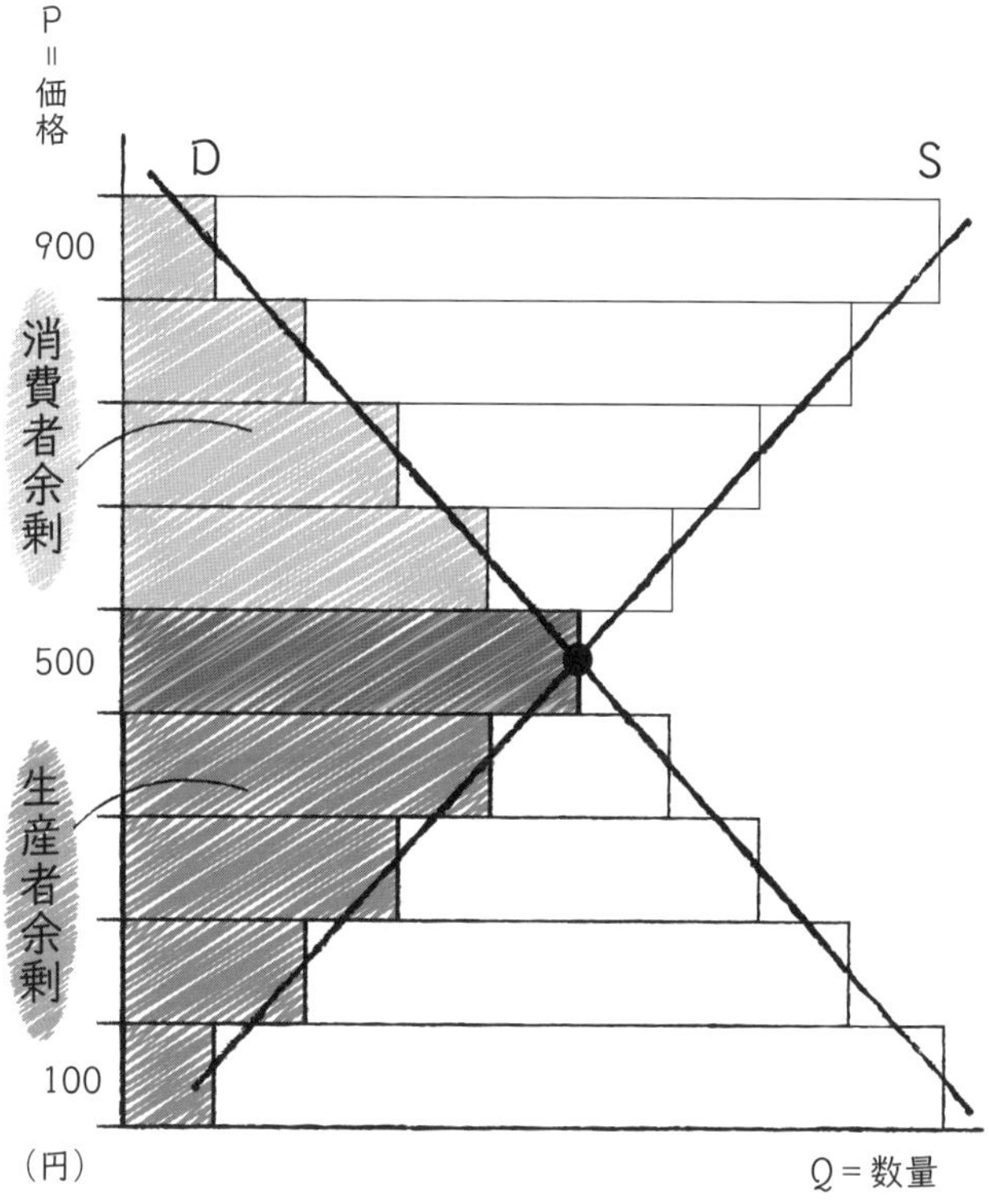

このように、**消費者に「お得」が出ている分を「消費者余剰」**という。

反対に、「１００円で売る」と考えていた生産者は４００円、「３００円で売る」と考えていた生産者は２００円、より高く売ることができる。

もう、わかるだろう。

こうした**生産者の「お得」の分は、「生産者余剰」**というのである（図５）。

“少ない手段”で“多くを説明する”ために

要するに、**何かを説明するために、どれだけの手段を使うのか**。

本書で私が問いたいのは、この点である。

これは経済学だけでなく、何であれ同じことがいえるが、**手段をたくさん学んでも、ちゃんと使いこなせなければ意味がない**。

仮に大学の経済学部を卒業していたとしても、はたして使いこなせるかどうかは疑わしい。「ひととおり勉強したけど……」と、言い淀むことが多いのではないか。

集中的に勉強した人でさえ怪しいのだから、そうでない人は言わずもがなである。

そこに、知識のにわか仕込みをするなど、ほぼできない相談だ。

かつて大蔵省（現・財務省）にいた私には、それがよくわかる。

政治家にレクチャーするのは、官僚の仕事の一つだ。

実際、私は多くの政治家たちに、現在の経済状況から未来予測、政策提言まで、さまざまなレクチャーをしてきた。

政治家は経済政策を担う立場にはあるが、経済の専門家ではない。したがって、経済を理解する数々の手段を教わってきていない。

そんな彼らに、「これについては、この理論」「これについては、あの理論」とやっていたら、いくら時間があっても足りない。そればかりか、相手は「だから、結局はどういうことなんだ？」となって、混乱させるのがオチである。

おまけに、彼らはいつも非常に忙しい。ズバリ核心をついた説明能力がなければ、何も伝えられないままタイムアップとなってしまう。

結果、「あの官僚は、言っていることがさっぱりわからない」という烙印を押されるだけだ。

そういう事情もあって、私は経済をできるだけシンプルに、相手が本質をつかめるように説明していた。使う時間も言葉も少なく済んだほうが、私自身も楽である。

つまり**「少ない手段で多くを説明する」**ということを、私は政治家を相手にずっと実践してきたわけだ。

だから、ここでも膨大な経済理論を適当に端折《はしょ》ろうとしているのではない。**すべてを理解したうえで、本当に必要な知識だけを伝えていこう。**

前項で、まず基本となる「需要と供給の図」＝「需要供給（需給）曲線」について説明したところで、次からは、ミクロ経済とマクロ経済の具体例を挙げながら経済の見方を示していく。

あれこれ学んで、すべてが中途半端に終わるより、**一つの理論をしっかり理解し、そこから事例をたくさん見ていったほうが思考力は鍛えられる。手段をたくさん知るのではなく、一つの手段をより幅広く応用する練習をすればいいのだ。**

本書で世の中の事象すべてを扱うことはできない。

だが、本書で扱う具体例に触れていくうちに、経済の動きを見抜く勘どころは、確実につかめるようになるはずだ。

第1章

「モノの値段」は
どう決まる？

――【ミクロ経済学】需要供給曲線を
頭に叩き込め！

「値段が上がったね、嫌だね」だけでは、世の中は見えていない

先の説明で、需要と供給の図とは、**「買いたい人たちと売りたい人たちの取引価格が見合うポイントを示すもの」**だということが、理解できたと思う。

では、なぜモノの値段は変動するのか。ここでは、多くの人が意外とわかっていないと思われる「価格変動」について説明しよう。

モノの値段が動くのには、「需要の変化」と「供給の変化」の二つの要因がある。

まず「需要が変化する」というのは、ある特定のモノを「買いたい」という人が増えたか、減ったか、という話だ。

「買いたい」という人が増えると、需要曲線は右にシフトする。

【図6】から、需要曲線がD_1からD_2へと右にシフトすると、供給曲線と交わるポイン

図6 「買いたい人」が増えた場合

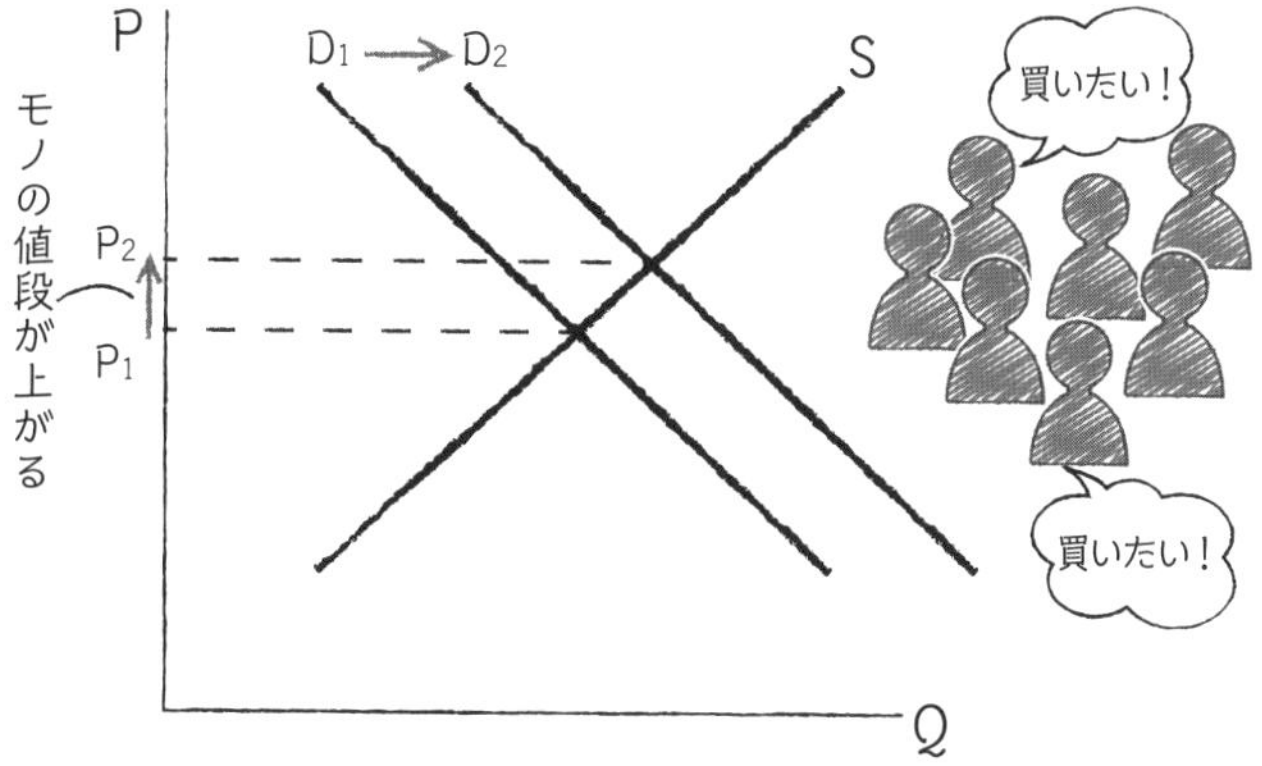

図7 「買いたい人」が減った場合

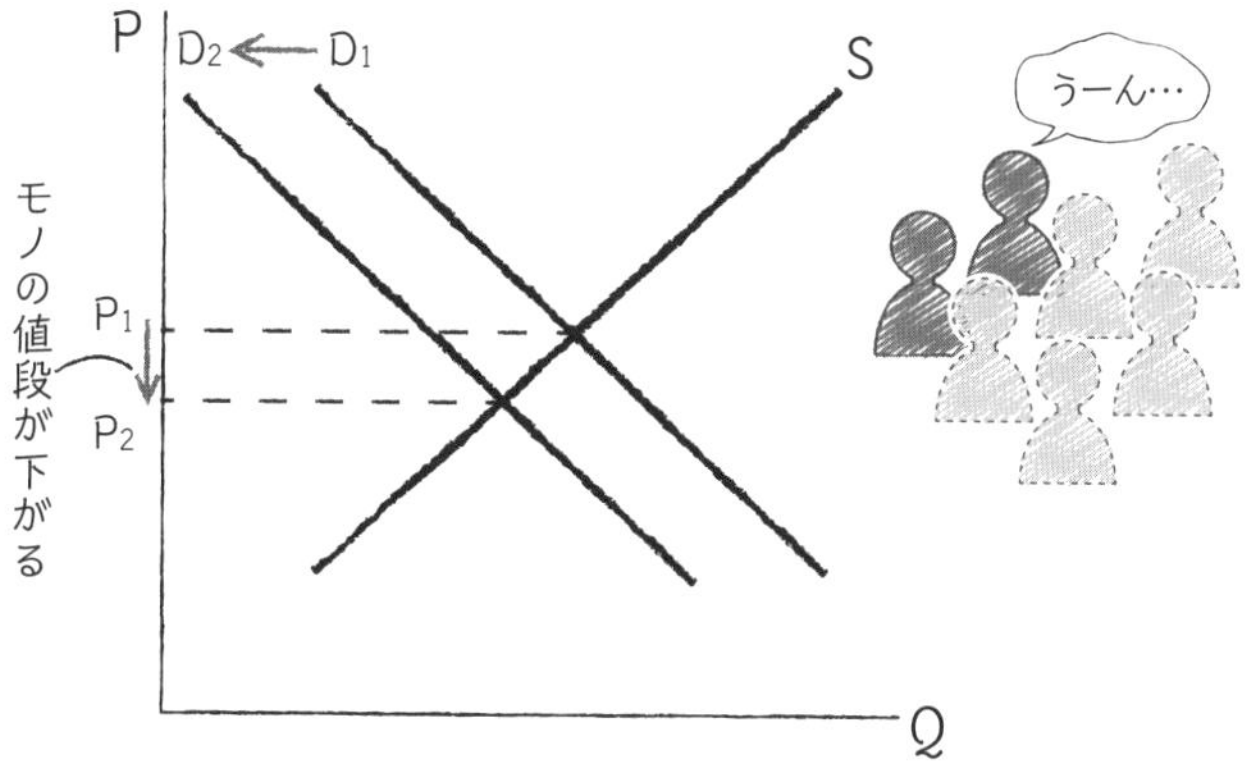

トは上方に移動することが見て取れるだろう。

これは、単純に言えば「同じ数のモノ」に対して、「買いたい人が増えた」ということを図示しただけの話だ。したがって、そのモノの値段は上がる。

では逆に、そのモノを「買いたい」という人が減ったら、どうなるか。

【図7】のように、需要曲線は左にシフトし、供給曲線と交わるポイントが下方に移動、そのモノの価格は下がるのである。

一方、「供給が変化する」というのは、生産者が作る「モノの数」が、増えたか、減ったか、という話だ。

生産量が増えると、【図8】のように、供給曲線はS_1からS_2へと右にシフトし、需要曲線と交わるポイントが下方に移動する。これは、「同じ数の消費者」に対して「モノの数」が増え、値段が下がったということである。

逆に、モノの生産量が減れば、【図9】のように供給曲線が左にシフトし、需要曲線と交わるポイントが上方に移動、値段は上がるというわけだ。

図8 「モノの数」が増えた場合

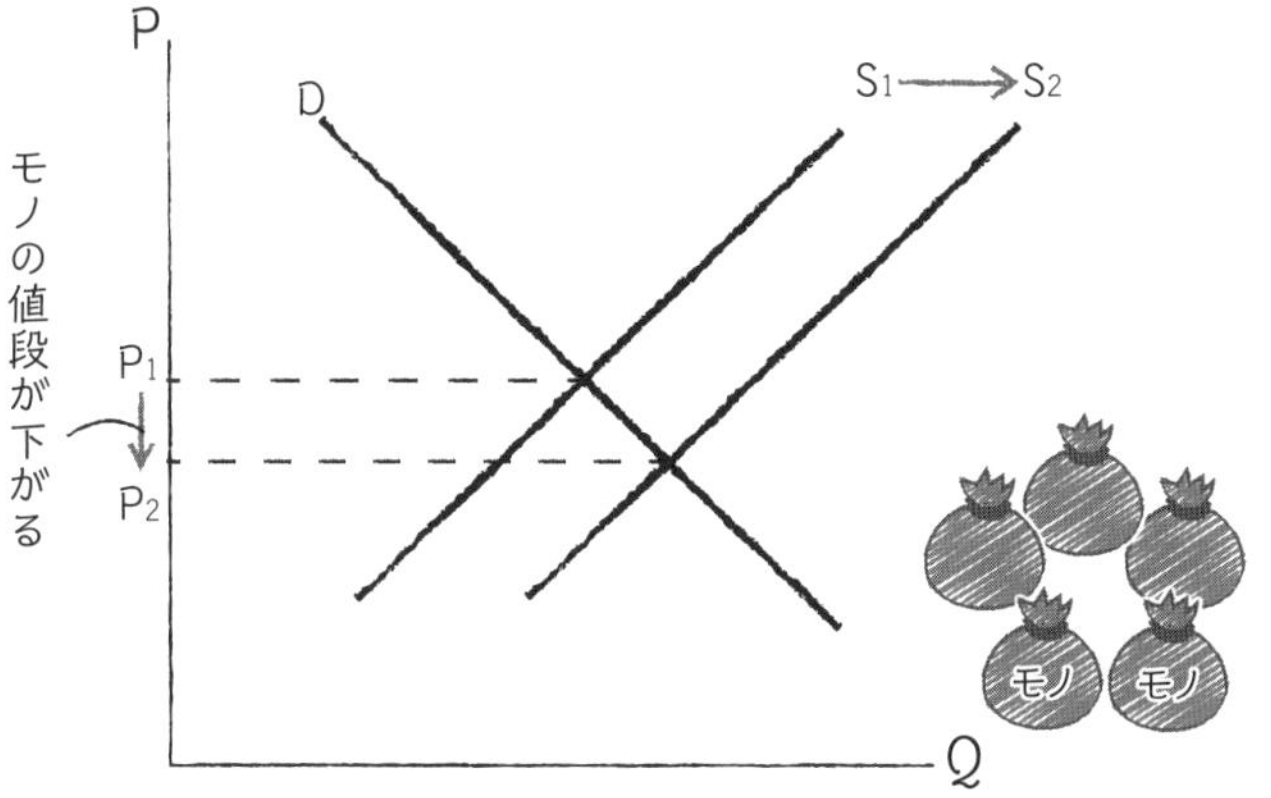

図9 「モノの数」が減った場合

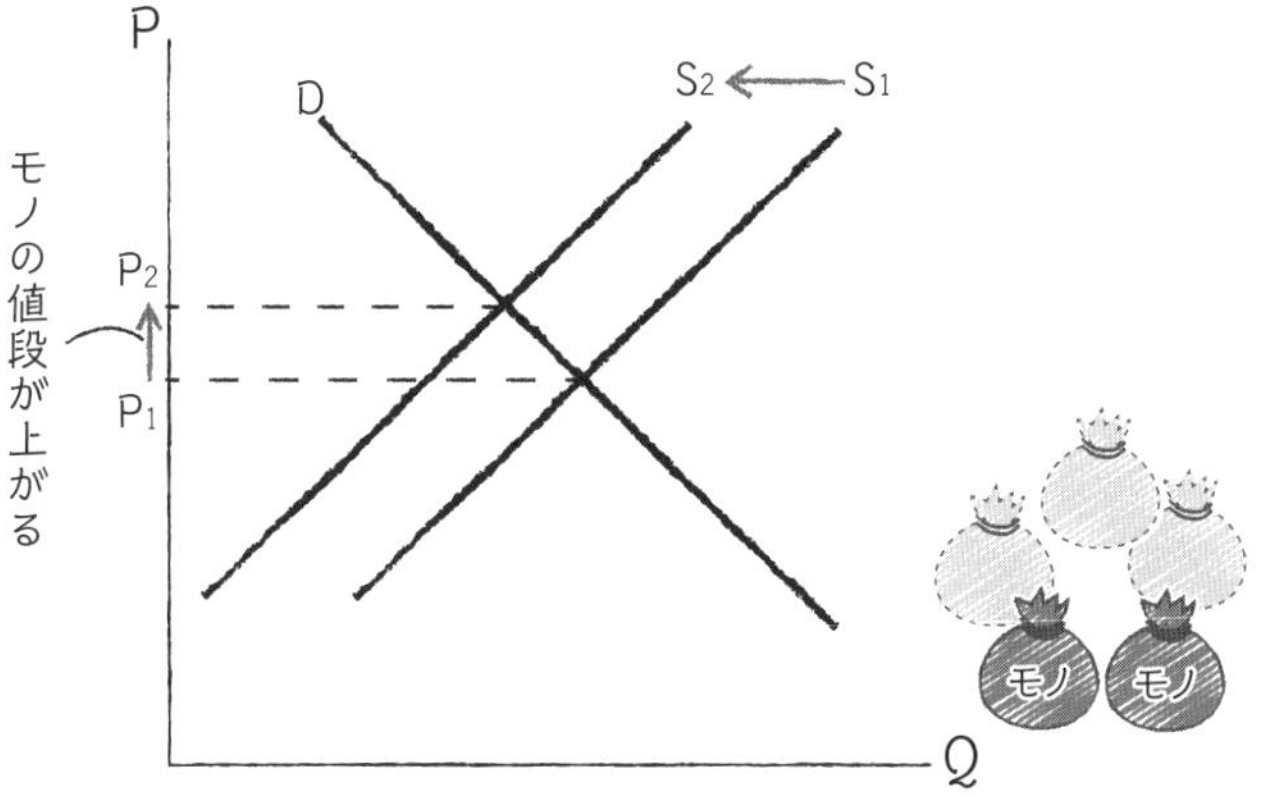

このように、結果だけを見れば「あるモノの値段が100円から101円に上がった」といった話でも、その起こり方には、**需要が変化したか、供給が変化したかの二つの可能性があるということだ。**

ただ、実際には、「どちらかがまったく変化せず、どちらかだけが変化した」という極端なことはなく、需要曲線と供給曲線の両方が動いている。

現象として見えるのは、【図10】に示したように、「P_1という値段でQ_1の数量が売れた」「P_2という値段でQ_2の数量が売れた」という二つの事実だけだ。

需給曲線の変化を考えるというのは、【図10】の二つの点a・bが、いかに現れたのか、つまり**「価格と数量がマッチする点の変化」をどう考えるか**、ということだ。

消費者側に何があったのか、供給者側の事情はどうだろうかと、「変化が起こった背景」に想像を働かせるのである。

では、【図10】をもとに、需要と供給がどのように変化したのかを考えてみよう(図11)。

図10　価格と数量がマッチする点の変化

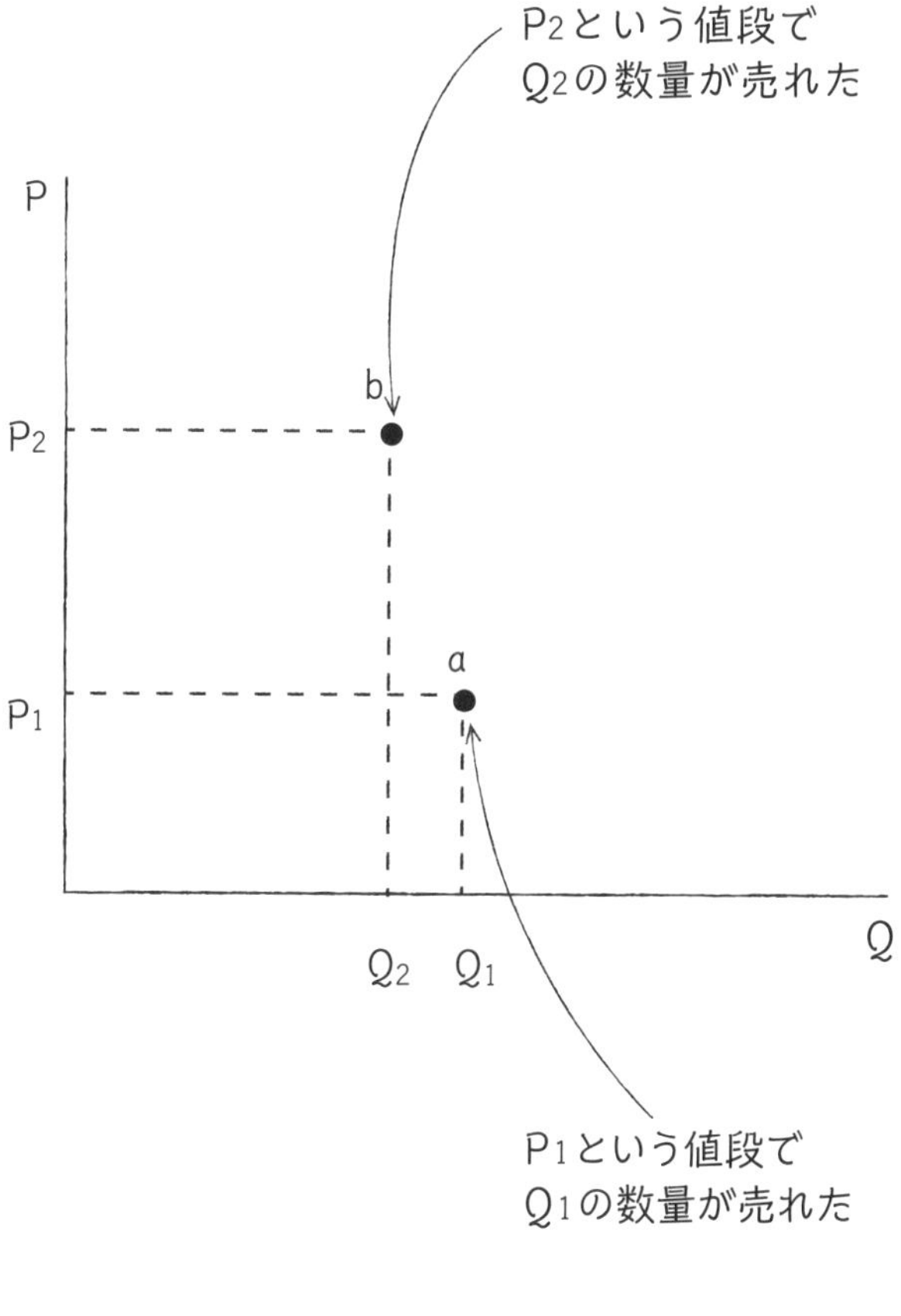

需要曲線D_1はD_2へと右にシフトし、供給曲線S_1はS_2へと左にシフトしたことで、「P_1の値段でQ_1の数が売れた」が「P_2の値段でQ_2の数が売れた」に変化したと考えられる。

これで、Q_1からQ_2への変動より、P_1からP_2への変動のほうがグンと大きくなっていることにも説明がつく。

ひと言でいえば、需要が増える一方で供給が減り、いわば「値段を上げる力」が二重に働いたからである。

このように、価格変動には「需要が動く」「供給が動く」という二つのメカニズムが働くということは知っておいたほうがいい。

ある商品の値段が上がったという現象一つとっても、どういう背景で起こったのかと考えてみてほしい。

たとえば、その商品の人気が高まっているようなら、「これは需要曲線が右にシフトしたんだな」と想像できる。人気沸騰ともなれば、「ますます値が上がるかもしれ

図11　価格変動の2つのメカニズム

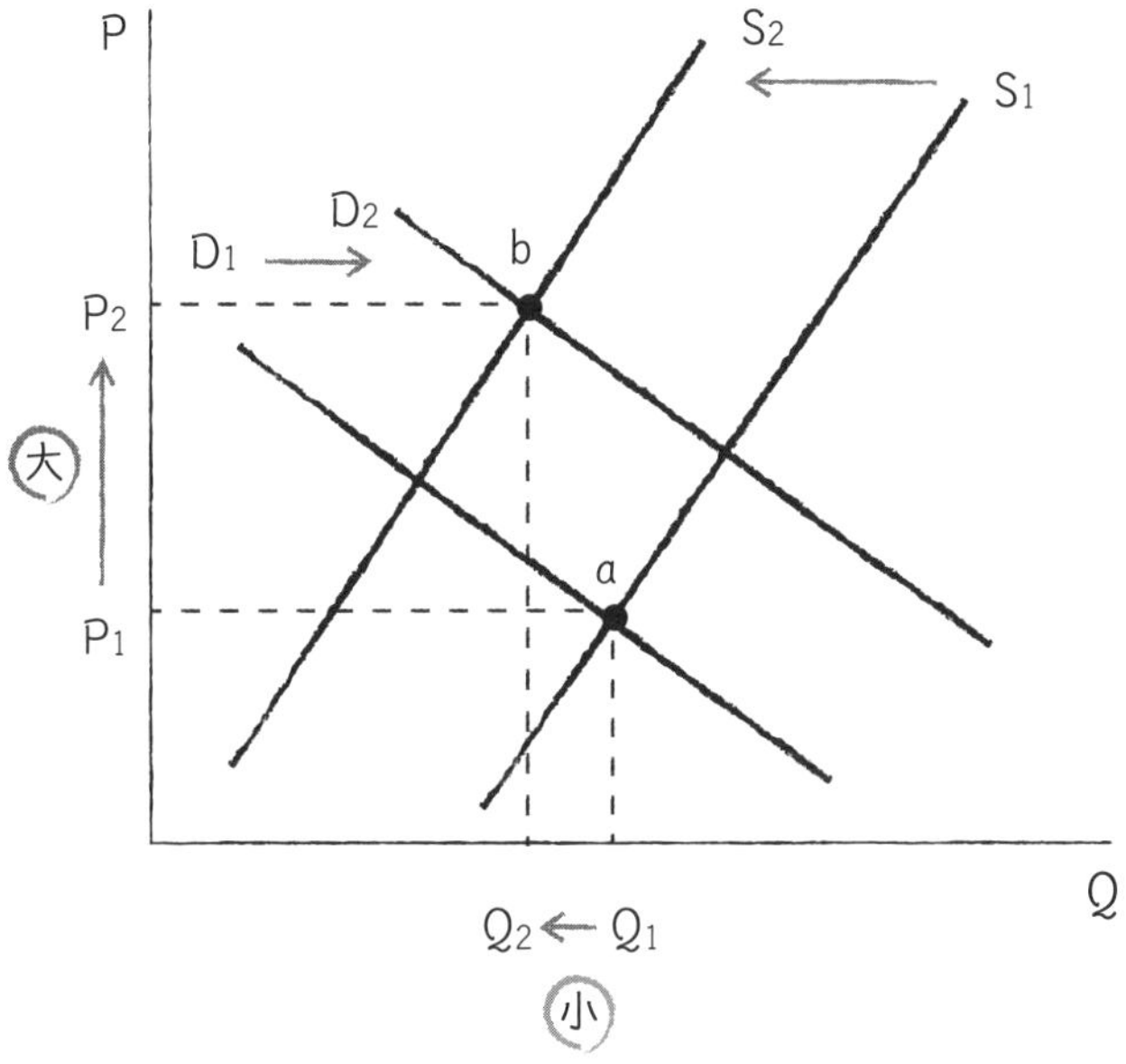

需要が増える一方で供給が減り、
いわば「値段を上げる力」が二重に働いた。

ない」という予測もできるだろう。

だが、もし、人気は高まっているのに価格が一定レベルに保たれたなら、需要曲線は右にシフトする一方、その商品を作っている企業が大増産し、供給曲線が右にシフトした結果、値段が保たれたのかもしれない。

値上げには、メーカー側に何か値段を上げざるを得ない事情が生じた可能性もある。

「原料不足によって、供給量が減ったのかな」

「原料費の高騰によって、メーカーが値上げを余儀なくされているのかな」

とも想像できるだろう。

人気に変化がなさそうなら、当然、値上げによって売れる量は減り、メーカーは打撃を被ると予測できる。

これは「安くて当たり前」の、量販品や激安外食チェーンで起こりうることだ。

このように、ただ「値段が上がった」「値段が下がった」という現象だけを見るのではなく、その背景にまで思いを馳せてみることが重要なのだ。

目の前で起こっている価格変動は、需要曲線がシフトした影響か、供給曲線がシフトした影響かと考えてみることで、社会をより的確にとらえることができる。
経済を通じて世の中を読むというのは、端的に言えば、こういうことだ。
「値段が上がったね、嫌だね」だけでは、単なる個人的感想である。
世の中を見ていることにはならない。

値段が高かろうが安かろうが「買う商品」「買わない商品」

さて、本章はいわゆる「ミクロ経済」を解説する章である。

ミクロ経済とは、ひと言で言えば「半径1メートルの世界」だ。

個々の商品（モノやサービス）、個々の消費者、というように狭い範囲の経済活動に迫るものである。

したがって、価格についても「個々の商品の値段」に焦点を当てていくわけだが、**需要曲線と供給曲線がどんな形になるかは、じつは商品によって異なる。**

なかには、値段がいくらになっても需要量が変わらないものもある。

言い換えれば、**値段が高かろうと安かろうと、消費者は買う（買う以外の選択肢がない）という商品——すなわち生活必需品だ。**

たとえば、トイレットペーパーなどは、350円で売られていたものが450円に上がったとしても、必要だから買わざるを得ない。

消費者のなかには、「節約しよう」と考える人はもちろん、「450円払うくらいなら新聞紙で代用しよう」なんて思う人もいないとは限らないから、値段が上がれば多少は需要が減るだろう。

しかし、大半の人は、

「これ以上、上がったら困るなぁ」

「家計に響くけど仕方ないか」

などとボヤきながらも買うことになる。

こういう商品を、「売れる数が価格に影響されにくい」という意味で、**「価格弾力性が低い」と言い表す**。

要するに、**「値段がいくらだろうと、売れる量はあまり変わらない」**ということだから、**【図12】**のように需要曲線の勾配はきつく（垂直に近く）なる。

また、必需品は需要量が一定であるため、需要曲線が極端にシフトすることは考えにくい。

必需品の価格変動は、主に供給曲線のシフトによって起こると考えていい。

改めて、【図12】を見てほしい。

値段がP_1からP_2へと変わっても、売れる量（Q_1とQ_2）の変化はさほど大きくない。

値段が上がっても、売れる量はあまり変わらない、というわけだ。

逆に、値段が上がったら急速に需要が下がるものもある。生活に必要不可欠なわけではない、いわゆる嗜好品、ぜいたく品である。

たとえば美容院などは好例といえる。

値段が上がれば、真っ先に個々人のお金の使い道から排除されてしまうだろう。

もちろん、「値段が上がっても、絶対に毎月1回、あのサロンで髪を切る」と決めている人もいるだろうが、多くは、値段が上がれば、行く回数を減らしたり、より安い美容院へと乗り換えたりするだろう。

こういう商品は、**「売れる量が価格に影響されやすい」という意味で、「価格弾力性**

図12 「必需品」の需要曲線

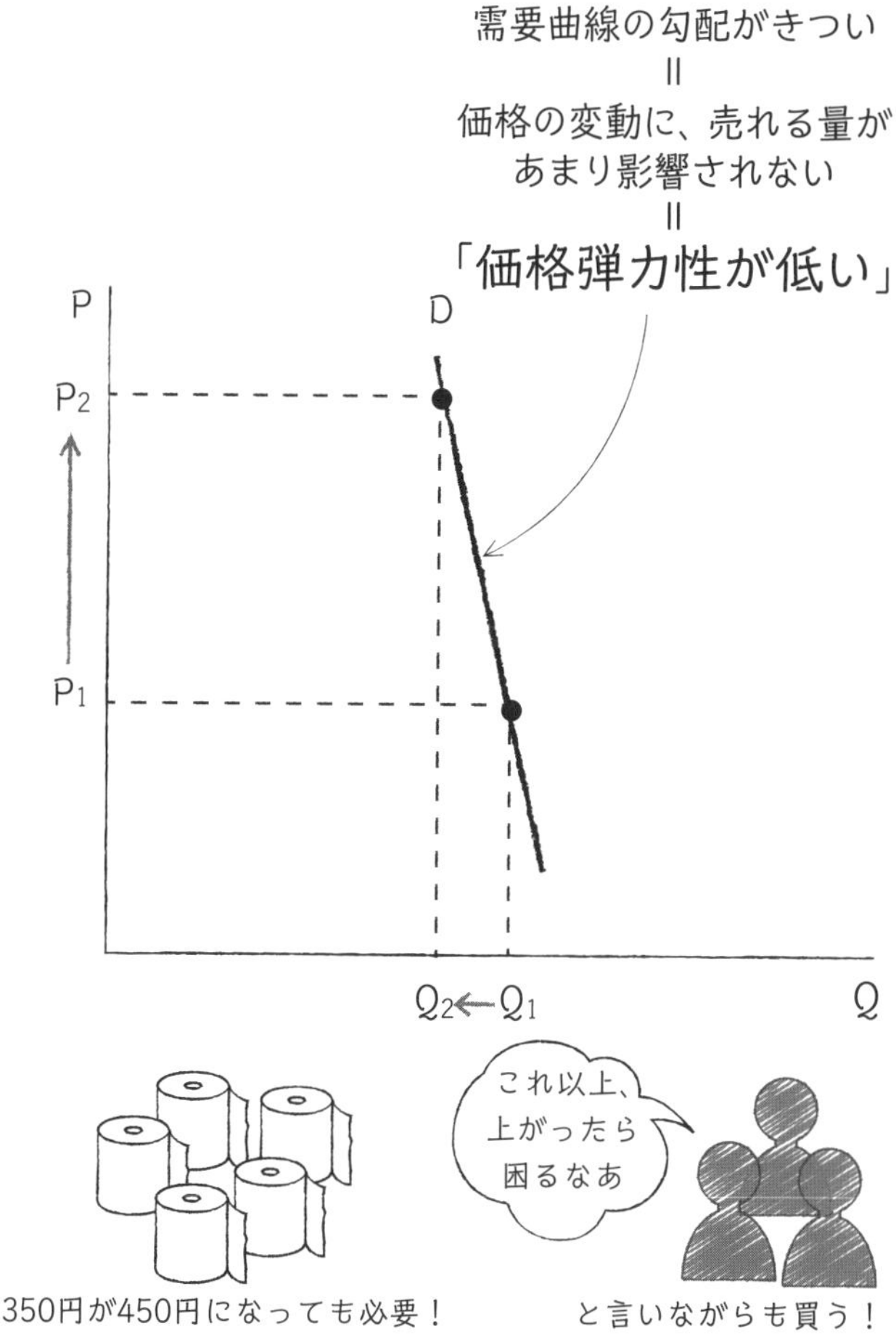
需要曲線の勾配がきつい
＝
価格の変動に、売れる量が
あまり影響されない
＝
「価格弾力性が低い」
P
D
P_2
P_1
Q_2 ← Q_1
Q
これ以上、
上がったら
困るなあ
350円が450円になっても必要！
と言いながらも買う！

が高い」と言い表す。

頻繁には買い換えない、家財もそうだ。たとえば車などは耐久性があるため、買い換えたくても「まだ使えるから値段が下がったら買おう」と思うだろう。これも、「価格弾力性が高い」ということになる。

これらのモノの場合、【図13】のように需要曲線の勾配はゆるく（水平に近く）なる。仮に値段が、わずかにP_1からP_2へと上がっただけで、売れる量がQ_1からQ_2へとガクンと減ってしまう、ということだ。

図13 「ぜいたく品」の需要曲線

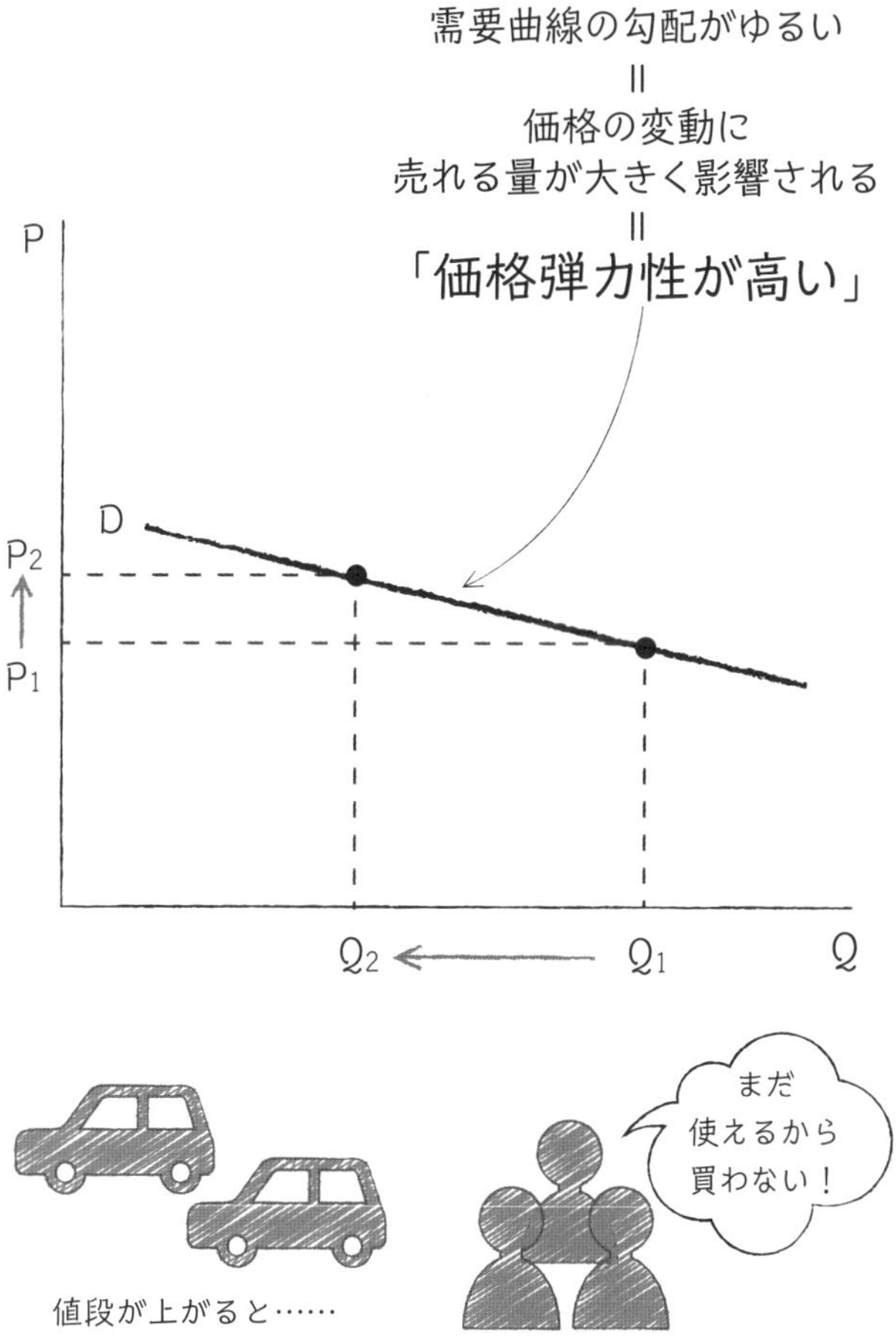
需要曲線の勾配がゆるい
＝
価格の変動に
売れる量が大きく影響される
＝
「価格弾力性が高い」
P
D
P2
P1
Q2
Q1
Q
まだ
使えるから
買わない！
値段が上がると……

「不動産」と「農産物」の意外な共通点

前にも説明したように、需要曲線も供給曲線も動く。

ただ、**実際問題としては、需要曲線がシフトするケースのほうが多い**といえる。

なぜなら、**需要は個人の趣味嗜好によるもの**だからだ。


あくまで相対的な関係であるが、モノを作るのは1年くらいでやめたりしない。

しかし、人の趣味嗜好はしょっちゅう変わる。

自分自身にも照らしてみてほしいのだが、個々人が「どういうものを好み、どれくらい買うか」ということと、「同じ職業をどのくらい続けているか」を比べてみよう。

おそらく、職業を変えることよりも、好みのほうが変化が激しい人が多いのではないか。

つまり、個々の商品の需要曲線は、消費者の好みによって動きやすいのだ。

一方、供給は外部の影響を受けやすいが、1年くらいではそう簡単に変動しにくい。たとえば原材料が確保できなければ、確実に供給量は減ってしまう。これでは開店休業になってしまうので、原材料の供給元は複数にして、そういうことにならないようにするはずだ。

ただし、供給曲線は動きにくいとはいうものの、原材料費が高騰して商品の原価が上がり、利益を確保するために生産者が値上げに踏み切る場合もある。

このように、個々人の趣味嗜好による消費行動は、かなり気まぐれな一方、生産者は一定の手順で生産するので、需要に比べると比較的安定しているといえる。

そう考えれば、多くのものの場合、供給曲線の上を需要曲線が移動していると見るのが妥当なのである。

ただし、供給がまったく変化しないわけではない。

いつなんどき、どんなきっかけで、企業の生産量が大きく変わるかはわからないから、**「需要と供給は、両方とも動く」という前提は崩さないで**ほしい。

また、商品によってはとくに、供給量が動きにくいものもある。

たとえば、不動産や農産物だ。

土地は工業製品などとは違い、作って増やすことができない。高層マンションを建てれば部屋数は増やせるが、有限である。

つまり、不動産は、あらかじめ供給量が決まっている商品ということだ。

となれば、**不動産の価格変動は主に「需要の変化」によるということ**は、想像がつくだろう。

「同じ間取りの家に住むのに、どうして土地によってこんなに値段が違うんだ！」と理不尽に思ったことがある人は多いだろうが、文句を言っても感覚的にはわかっているはずだ。

人気の高い街のほうが、不動産の価格は高くなって当たり前なのである。

一方、たとえば、人気があったのに、地盤がゆるいなどの問題点が取りざたされ、人気が落ちれば値段は急落する。

ただ、不動産だって供給がまったく変化しないといえば、ウソになる。たとえば、「湾岸エリアが開発されて高層マンションがたくさん建った」というような場合には、供給曲線は右にシフトする。

では、農産物も供給が一定というのは、どういうことか。

農産物は作るのに時間がかかるため、たとえば、需要が増えたら増産して市場に出回る数を増やす、ということがしにくい。

また、工業製品のように日持ちがしないため、大量に作りためて需要が高まるまで倉庫に眠らせておく、ということもできない。

だから、**農産物の場合は収穫して出荷した時点で、供給量がほぼ定まってしまう**というわけだ。

何らかの理由で需要が高まったら、値段は急上昇することになる。

こうした商品の場合、供給曲線は垂直に近くなる（図14）。

不動産も農産物も供給を急に増やしにくいため、ちょっと需要が増えただけでも値段が釣り上がる。

このように、**どんな需要曲線と供給曲線が描かれ、需要と供給のどちらの変動によって価格変動が起こりやすいかは、商品によって違う。**

いずれのケースでも「絶対こう」という形はなく、的確に見極めるのは、じつは専門家でも難しい。

ただ、今までいくつか例を挙げたように、大まかな傾向はある。

そのことを、まずは頭に入れておいてほしい。

図14　不動産と農産物の需要供給曲線

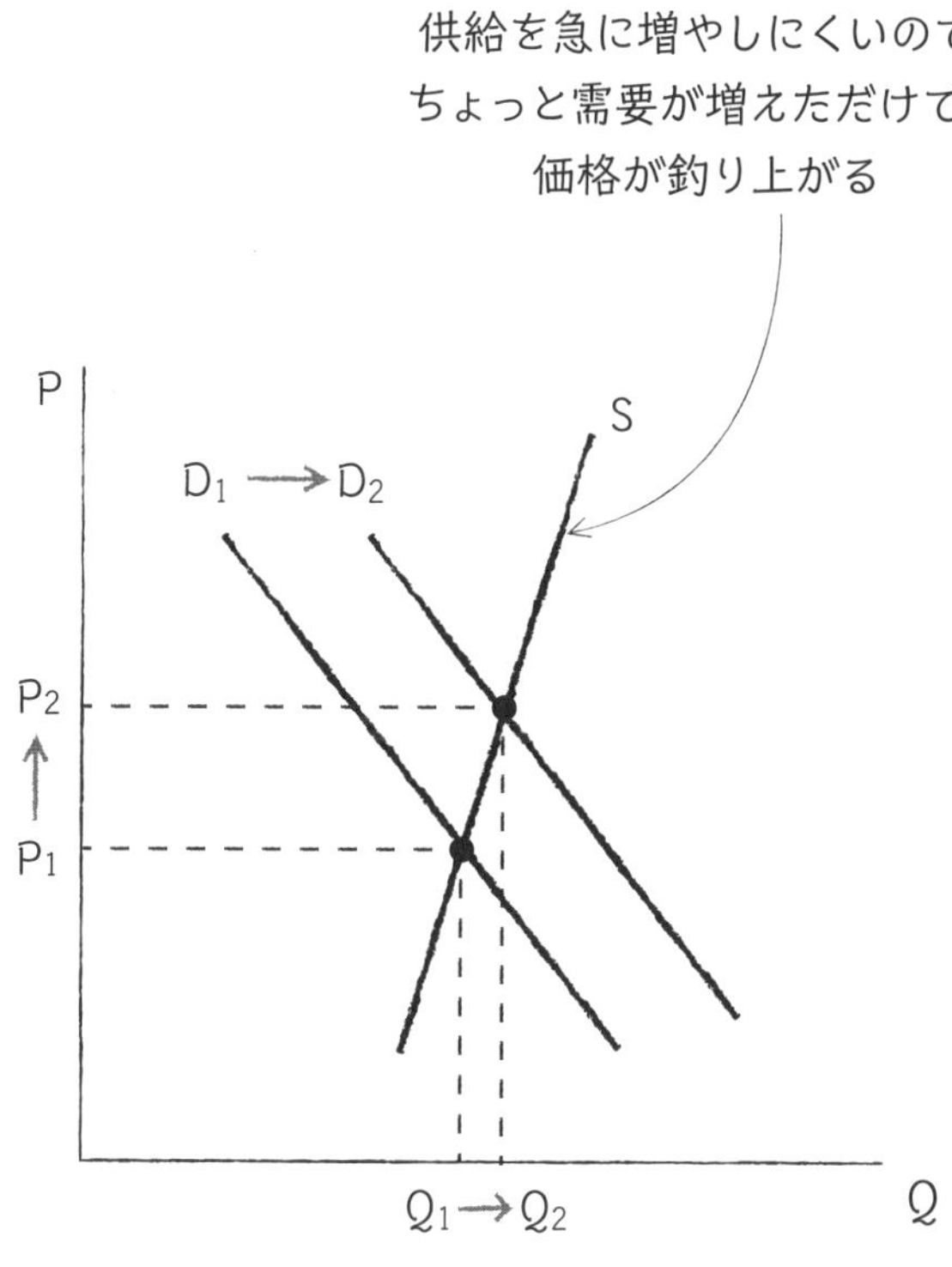
供給を急に増やしにくいので、
ちょっと需要が増えただけでも
価格が釣り上がる
P
S
D1 → D2
P2
P1
Q1 → Q2
Q

「目指せ！　オンリーワン！」
──企業が〝特別〟でありたい理由

ここで、少し生産者のほうにも目を向けてみよう。

つまり、モノやサービスを、市場に出す企業側の話である。

企業としては当然ながら、より高い値段で自社製品を売りたい。

そのため、人気の高まり具合などを見ながら、生産量と値段を決める。この見極めが、企業の明暗を分けると言っても過言ではない。

もし、その商品を作っているのが一社だけだったら、自由に値段を操作できる。作った分を出し惜しみして、需要が高まったところで高い値段で市場に出せば、より大きな利益を得られるからだ。

しかし、たいていはその商品を作っているのは一社だけではなく、同じ種類の商品

図15　一つひとつの企業の供給曲線

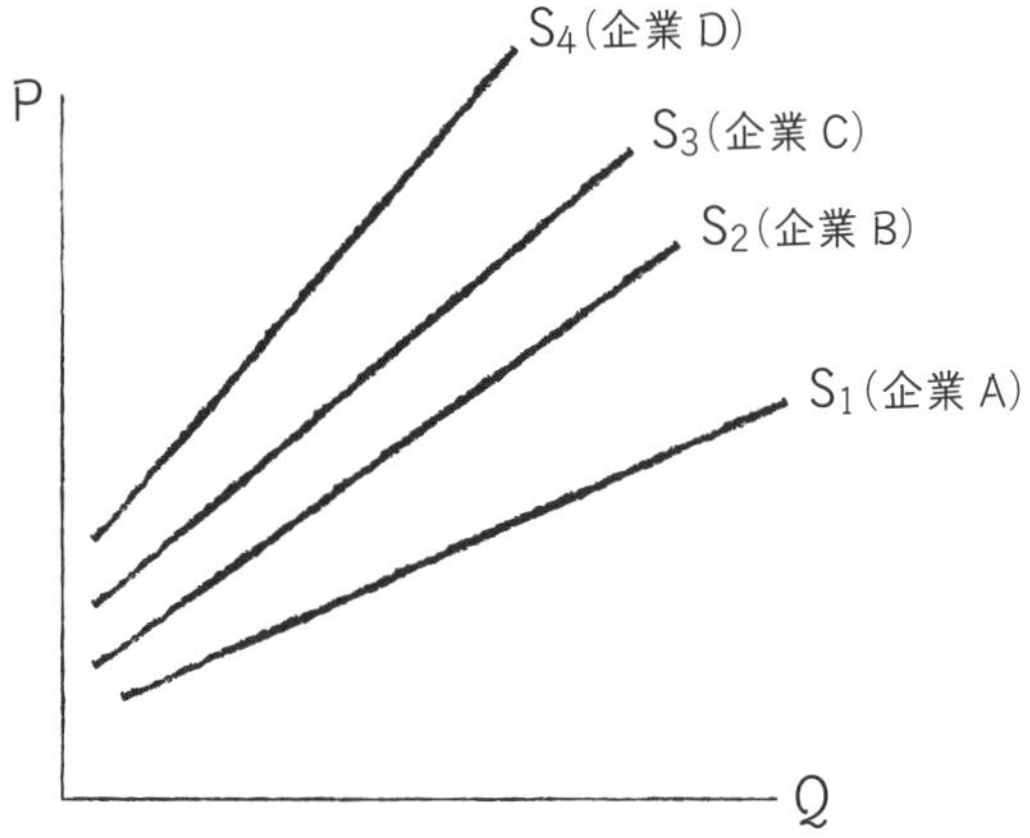

を作っている競合他社がいくつもある。

ここで、一つひとつの企業で見たら、供給曲線は、【図15】のように各企業の任意でS_1、S_2、S_3、S_4……となる。

もちろん、価格はバラバラだ。

しかし、その商品の市場全体で見たら、どうだろうか。

じつは【図16】のようになる。

つまり、**「みな同じ値段で売っていますよ」**ということだ。

同種の商品を扱っているなかで、一社だけ値段を高くしたら、消費者は安いほうを買うに決まっている。

そのため、**同種の商品を作る企業の間で値段の均衡が起こり、一定の値段に落ち着いている、**というわけだ。

企業からすれば、販売価格が決められているようなものだ。

自分たちがいくら供給量を増やそうと、あるいは減らそうと、価格にはほとんど影響しないことになる。

供給量は需要量によって左右され、仮に需要が増えても【図17】のように、値段は変わらないまま供給量が増えるだけだ。

この状態を、「完全競争」という。

値段はほぼ変わらず、需要に応じて供給量が決まる。

消費者としては、どの会社のものを買っても満足度は変わらない。需要が高かろうと低かろうと、いつでも同じ値段で調達できるのだから、望ましいといえば望ましい。

ここで、ある疑問が浮かんだ人もいることだろう。

図16　完全競争

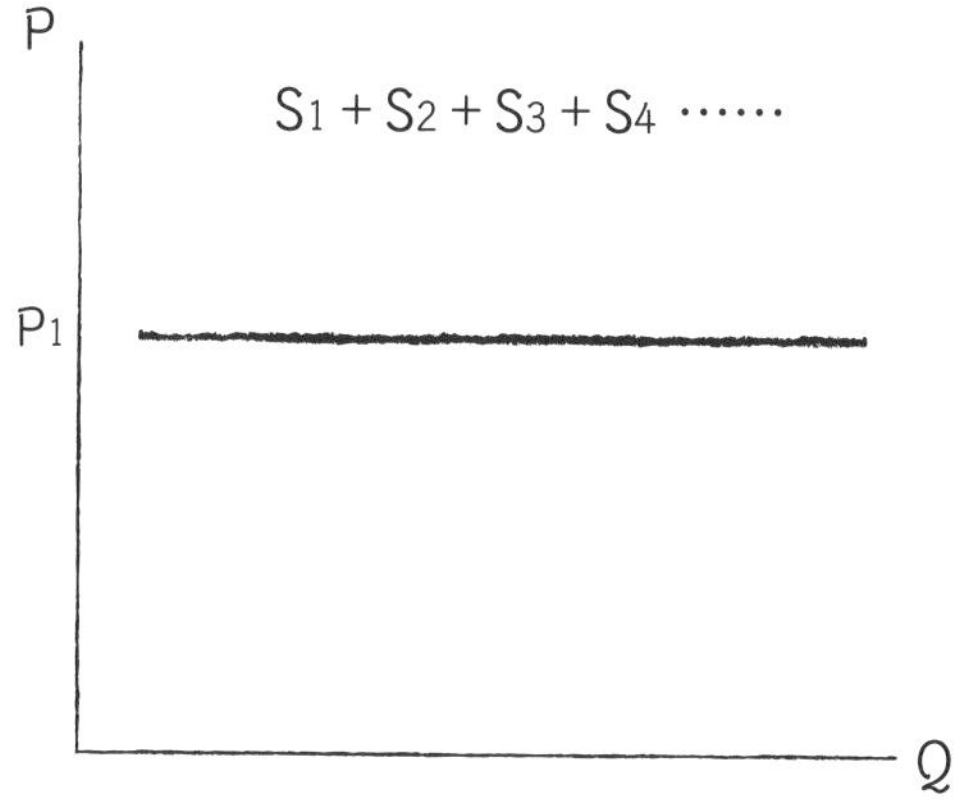

図17　完全競争で需要が起こった場合

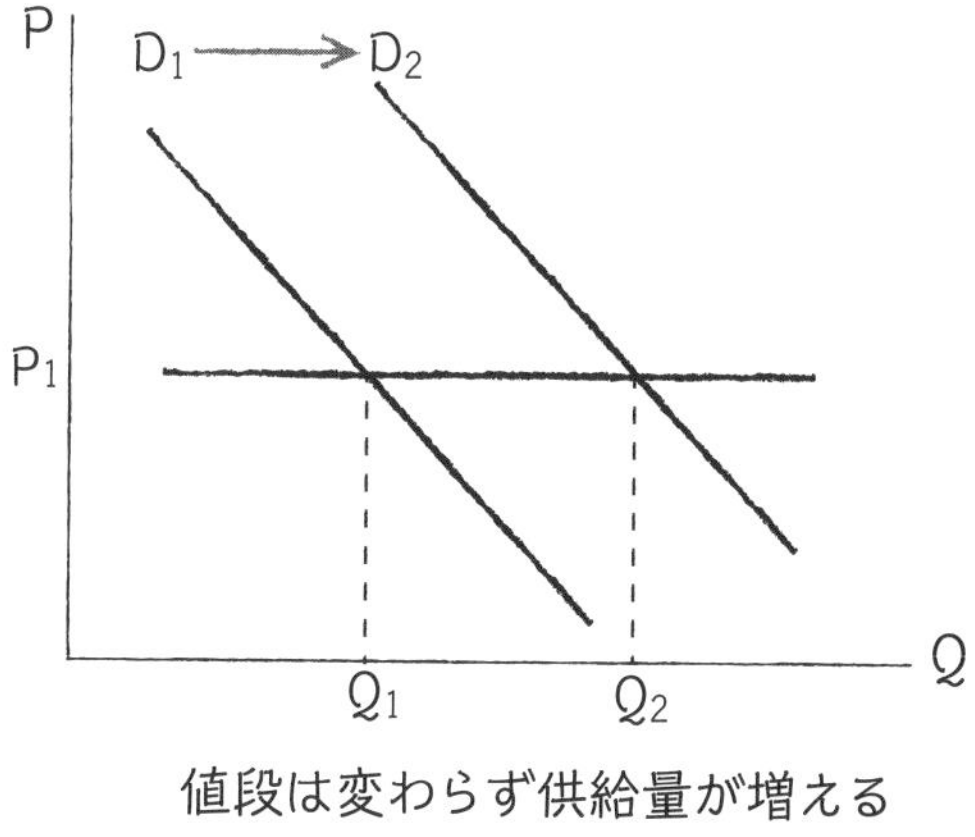

「同種の商品といっても、他社より秀でたものを作れば、一社だけ値段を上げても売れるのではないか？」

そのとおり。

たとえばカメラはカメラでも、ある一社だけが、消費者が求める性能をつけたり、性能が他社を上回ったりしていれば、カメラ市場の一部分を、その企業が独占できる。そうすれば、「その他大勢」のなかで、他社が均衡している値段に合わせることもないし、いつ起こるとも知れない値下げ競争に、巻き込まれる心配もない。供給曲線は、その企業のものだけ勾配がきつくなる。

業界の均衡点ではなく、どれくらい買いたい人がいるか（需要）、どれくらい生産できるか（供給）によって、独自に値段を決めることもできる。

これがまさに、個々の企業が製品開発にしのぎを削り、いかに差別化を図って「オンリーワン」になろうかと苦心している理由である。

「本屋さん」と「家電量販店」は何が違う？

すでに説明したように、モノの値段は需要と供給のバランスによって決まる。値段が一定になるのは、完全競争が起こったときだということも、前項で説明したとおりである。

しかしじつは、完全競争のように競合他社との均衡ではなく、システム的に値段が一定に保たれている分野もある。

再販制度という言葉を、聞いたことがあるだろうか。これは「再販売価格維持制度」というものだ。

要するに、「値段を変えずに売りますよ」という制度である。このように、あらかじめ値段が決まっていることを、「価格カルテル」という。

再販制度には、以前は化粧品なども含まれていたが、今は書籍、新聞、雑誌、音楽CD他に適用されている。

どれも身近な商品だと思うが、**これらの値段はどこに行っても同じ**、ということにはあまり注意を払っていなかったのではないか。

どの店でも、メーカーが設定した定価で販売されている。

本書だって古本屋でもない限り、定価で売られていたはずだ。

近所の書店では1400円だが、隣町の書店では1000円で売られている、ということは起こらない。

これだけ言ってもピンとこないかもしれないが、**「どこで買っても定価」というのは、じつは非常に特異なパターン**である。

家電量販店を思い浮かべてほしい。

店の至るところに、「他店より1円でも高ければお知らせください。値段交渉に応じます」といった宣伝文句が躍っている。

一応、メーカーの希望小売価格はあるが、小売業である家電量販店が希望小売価格のまま売ることは、まずない。

メーカー希望小売価格にバッテンがついて、かなりのディスカウント価格がでかでかと赤字で書かれている値札も、よく見るはずだ。

要するに、より多く売ろうと小売店同士で、値下げ競争が起こっているのである。

ちなみに、アップル社の製品は、どの量販店に行ってもほぼ定価で売られていることが多いと思う。それは、アップル社にブランド力があって、独占に近い形で価格競争力があるからだ。

つまり、アップル社の製品には「安くしなくても買う消費者」がいる。高いブランド力によって定価を維持できているといっていい。

もっとも、アップルのブランド力もいつまで続くか、誰も保証できないが。

話を戻そう。

家電量販店を思い浮かべてもわかるように、たいていは、小売店によって販売価格が決められている。その背景には、当然、需給のバランスがある。

しかし、再販制度が適用されている商品では、店によって値段が違う、ということが起こらない。

このように制度的な力を介して、価格が維持される状況を作り出すというのは、市場経済としては不健全といわねばならない。

売れなければ、安くしてでも売ろうとするのが普通

再販制度は、不健全な制度。

なぜ、そういえるかというと、次のようなことが起こるからである。

書籍を例にとって説明しよう。

すでに述べたように、再販制度が適用されているため、同じ書籍はどこに行っても定価で売られている。

したがって、その書籍の供給曲線Sは、【図18】のように水平になる。売る人の誰に値段を聞いても、同じ額を答えるということだ。

メーカーは、「この定価なら、これくらいは売れるだろう」という見込みで定価を決める。一定の需要がある前提で、値段を決めているということだ。

さて、いざ本屋さんに並んだときに、この書籍に対する需要曲線が【図18】のDくらいであれば、メーカーの見込みどおり一定量が売れる。

ところが、メーカーの見込みに反して、その書籍を読みたいと思う人がとても少なかったら、どうなるか。

極端なほうがわかりやすいから、需要曲線が'Dくらいだったとしよう。

見てわかるとおり、供給曲線Sと需要曲線'Dは、まったくかすりもしない。

これは、何を意味するか――**定価では1冊も売れない**ということだ。

では、ほかの商品と同様、書籍の値段も変動するとしたら、どうだろう。

供給曲線は'Sのようになる。ここで初めて、本屋さんには「定価では売れないみたいだから、値段を下げようか」という、現場に立っている者ならではの選択肢が生まれる。

こうして、値段をPから'Pに下げると、せめて'Q程度の数量は売れる可能性が生まれるのだ。

図18　再販制度

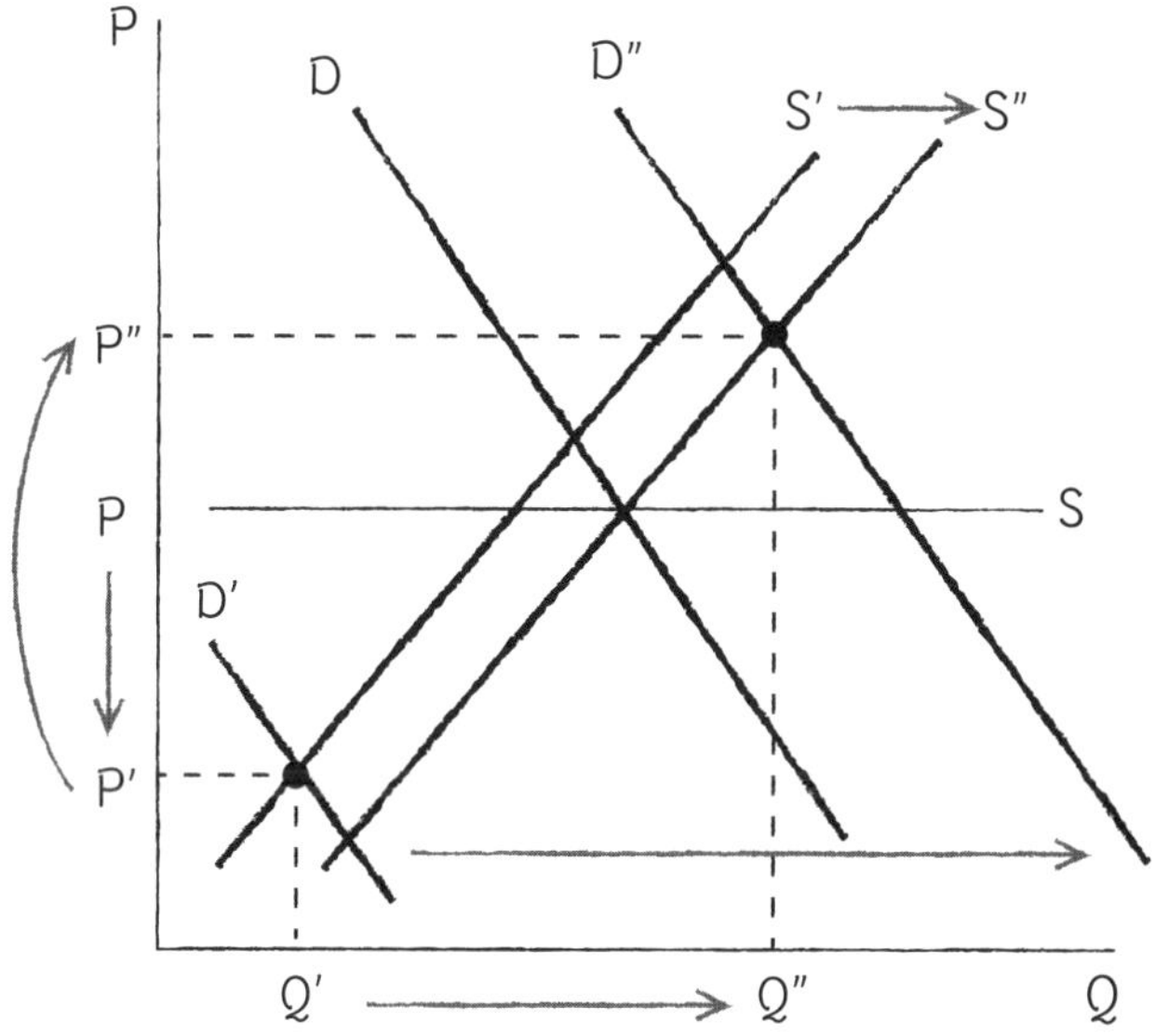

つまり、こういうことだ。

「定価で売る」というルールで小売店を縛ることで、「値段を下げたら売れるかもしれない分」を、みすみす売り逃しているのである。

再販制度には、「安売りを防ぐことで、文化を守る」という名目がある。

そのため、以前、再販制度撤廃の議論が起こったときには、業界が猛反対した。定価で売れなければ、自分たちの商品の価値に傷がつくと思ったのだろう。

しかし、**商品の価値は、人の手に渡ってこそ伝わるもの**だ。

その機会を大きく失わせておいて、それで「文化が守られる」というのは、どう考えてもおかしい。

定価にこだわって1冊も売れないよりは、需要によっては値段を下げてでも売ったほうが商売として健全だ。

当初の見込みより利益は大幅ダウンするにしても、せめて回収できる利益は回収しようとするのが、市場経済のなかでは自然だからである。

ところで、ここまでは「需要がわずかな状態」を想定していたが、もちろん逆のパターンも考えられる。

再販制度が適用されている限りは、出した書籍が飛ぶように売れたとしても、定価のまま売るしかない。言い換えれば、再販制度によって、値上げのチャンスをみずから棒に振っているのである。

再販制度がなければ、【図18】の″Dのように需要曲線が右にシフトするほど、その書籍の値段は上がる。

ただ、そこで調子に乗ってバンバン作れば、供給曲線が急激に右にシフトし、過剰供給となって価格上昇の足を引っ張る。

そうならないようにその増産ペースさえ見極めることができれば、″Sと″Dが交わるポイントは″Pと″Qとなる。

つまり、その書籍の値段は上昇し、その書籍から得られる利益は、再販制度が適用されている場合より大きくなる可能性もある。

売れなければ値段を下げる。売れれば値段を上げる。

こういう、商売として当然の柔軟性を出すためにも、再販制度は撤廃したほうがいいだろう。メーカーにとっても小売店にとっても、需給のバランスに従って値段を変えられるようにしたほうが、利益は大きくなるのである。

もっとも、書籍も、電子書籍には再販制度が適用されておらず、Amazonなどのネット小売店ではディスカウントが行なわれている。ただ、再販制度に慣れている出版業界は、価格設定がなかなかうまくいかないようだ。

音楽もまた、今はお店でCDを買うより、配信サイトでダウンロードしたり、月額料金を支払えば無制限に楽曲が楽しめる、サブスクリプションサービスを利用することのほうが、多いのではないか。

こうした流れもあることだから、書籍やCDの再販制度は遅かれ早かれ、なくなっていくと見ていいだろう。

「値上げできない牛丼」「値上げできるラーメン」

商品を供給する側にとって、価格設定は死活問題だ。

より高く、より多く売れれば文句はないが、高すぎれば販売量は減る。かといって安売りしすぎれば利益が出ない。

可能な限り高く、できるだけ多く売るには、自分たちが扱っている商品の需要曲線が、どのような形になっているかを慎重に考慮する必要がある。

そんなところから、たとえば「値上げできない牛丼」と「値上げできるラーメン」の違いも出てくるのだ。

牛丼チェーンは、各店だいたい同じ値段になっている。

どこかが値下げをすれば、自分たちも値下げ努力をする。

より高く売りたいからといって、あるいは材料の調達先で不具合が起こったなどの事情が生じたからといって、簡単に値段を上げるわけにはいかない。

値段を上げたら、他のチェーンにお客が流れるだけだからだ。


一方、同じ飲食業でも、たとえば人気のラーメン店になると、また別の話だ。

ラーメン店は数あれど、「この店の味が好き」というお客であれば、多少、値段が上がっても通い続けるだろう。

そういうファンが多いほど、値段が上がっても、売れる量はそう大きくは減らない。


牛丼チェーンと、人気のラーメン店。

この二つを需要曲線で表すと、【図19】【図20】のように、牛丼チェーンの需要曲線は水平に近く、人気のラーメン店の需要曲線は垂直に近くなる。

では、あるとき両方において材料価格が上がったとしよう。

そこで値付けをどう判断するかが、明暗を分ける。

図19　牛丼チェーンの需要曲線

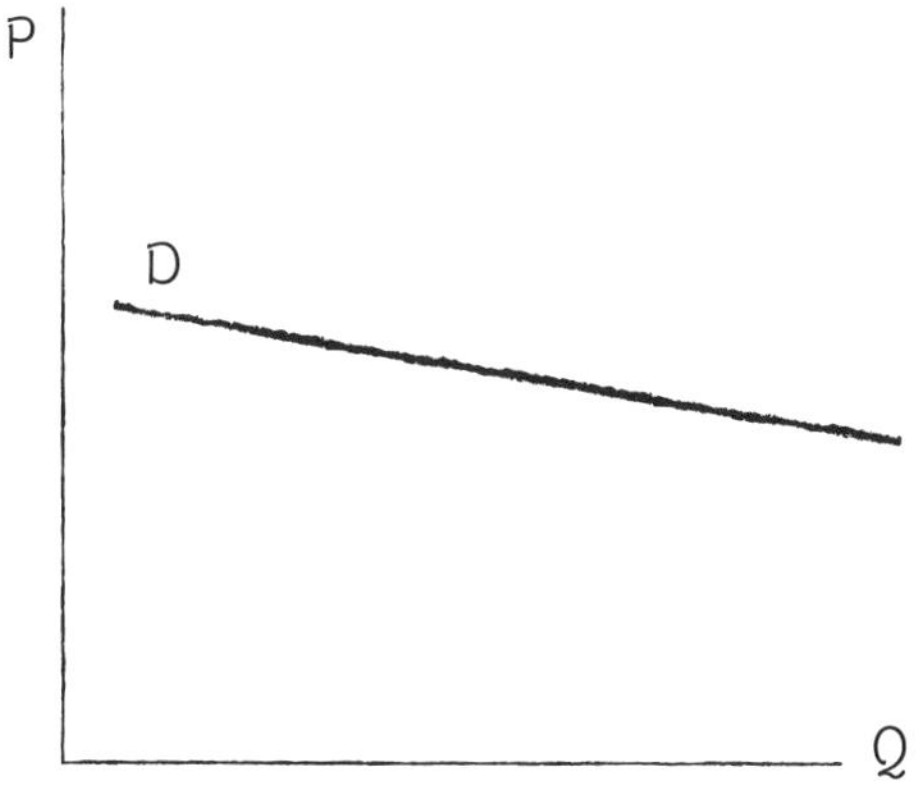

図20　人気ラーメン店の需要曲線

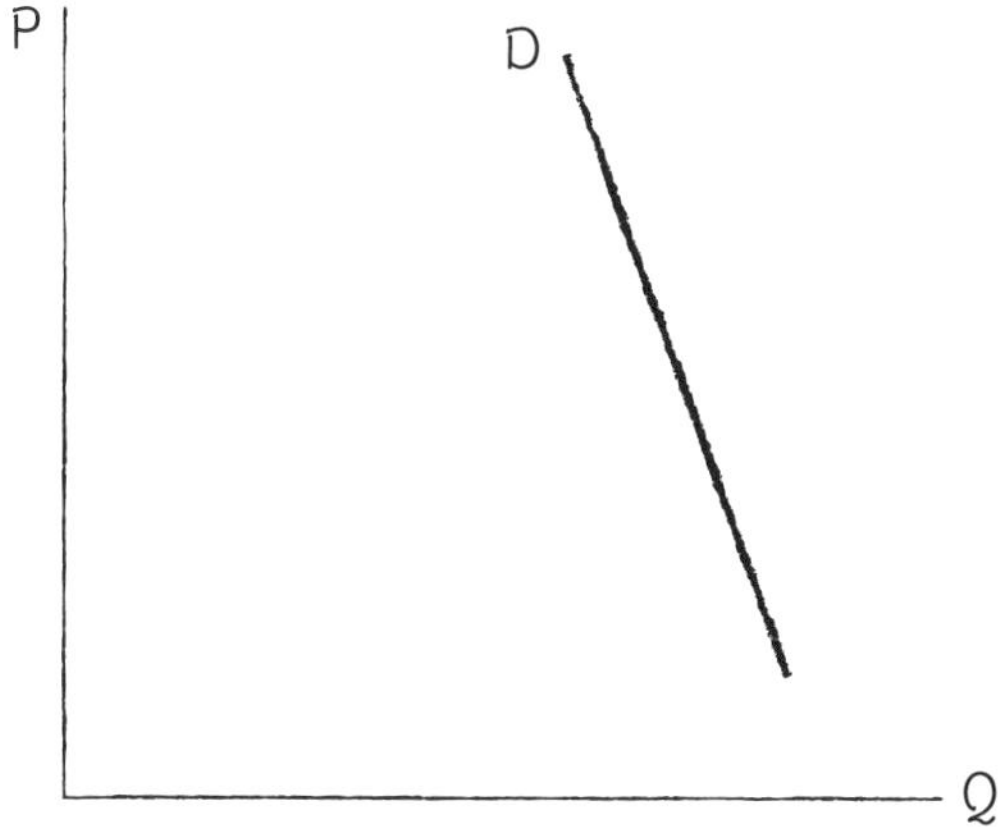

値段を上げれば、多かれ少なかれ販売量は減るだろう。問題は、販売量が減った分を、値上げ分でカバーできるかどうかである。

まず牛丼チェーンが値上げをしたらどうなるか（図21）。**売り上げは単価×販売量だから、P_1×Q_1とP_2×Q_2の差を分析することが、判断の基**となる。

需要曲線が水平に近いことがわかっていれば、**わずかな値上げでも、売れる量はガクンと減ってしまう**と予想できる。

P_2×Q_2は、P_1×Q_1より、かなり小さくなってしまうだろう。

というわけで、牛丼チェーンは値上げができない。材料費用の値上げ分は自腹を切り、また下がるまで耐え忍ぶしかない。

では人気のラーメン店が、値上げをしたらどうなるか（図22）。

需要曲線が垂直に近いから、牛丼と同じくらいの値上げでも、売れる量はそこまで大きくは減らないと予想できる。

図21　牛丼チェーンが値上げすると……

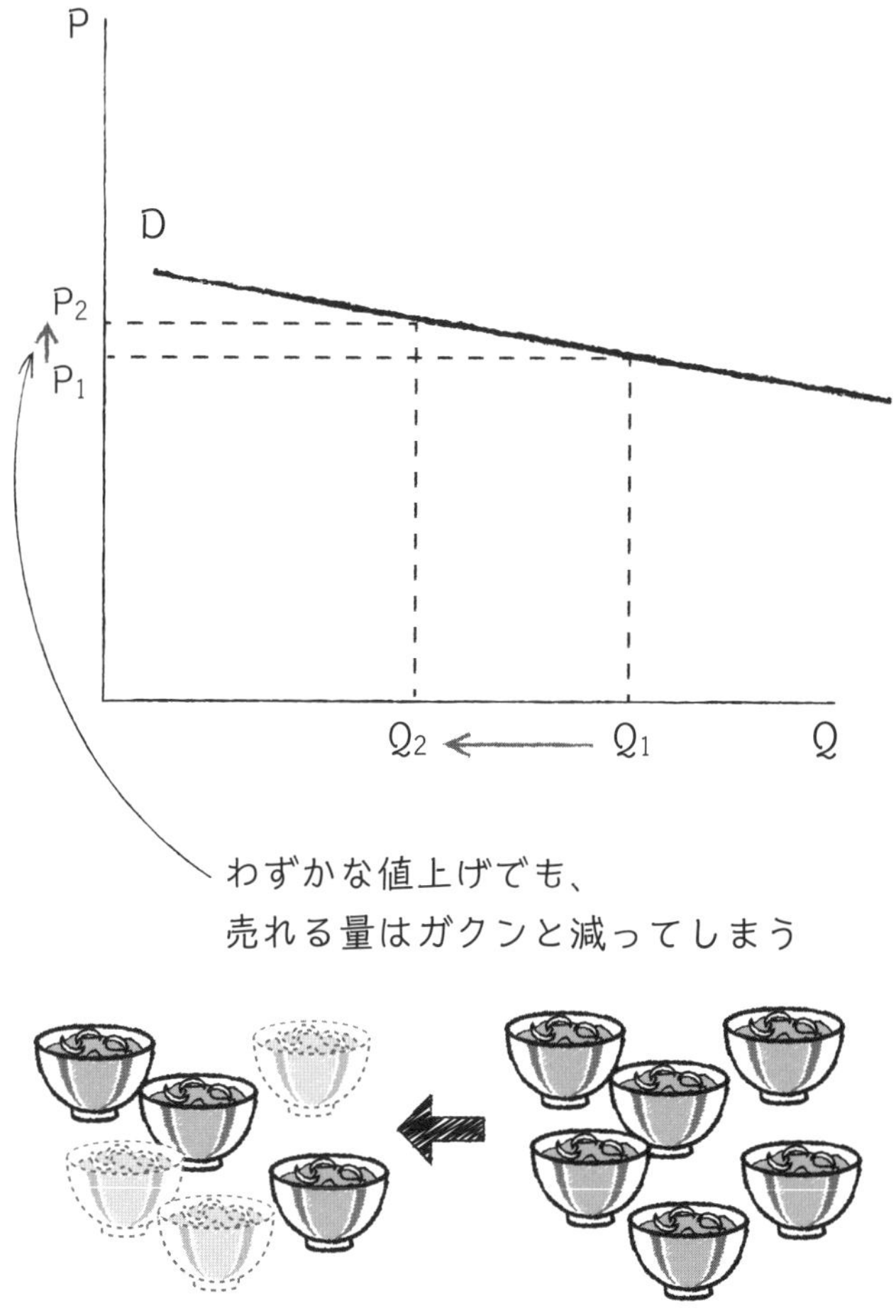
P
D
P2
P1
Q2
Q1
Q
わずかな値上げでも、
売れる量はガクンと減ってしまう

$P_1 \times Q_1$と$P_2 \times Q_2$は均衡するか、むしろ増えて、売り上げは高くなるかもしれない。
というわけで、人気のラーメン店なら、値上げという選択もアリとなる。

すでに気づいている人もいるだろう。

牛丼チェーンの需要曲線は、先に見た嗜好品やぜいたく品と似た需要曲線となり、人気のラーメン店は、先に見た必需品と似た需要曲線になる。つまり、**牛丼チェーンは「価格弾力性」が高く、ラーメン店は低い**のだ。


ただし、これにも絶対ということはない。

牛丼チェーンでも「A店が一番好きだから、多少値上げしても通う」というお客はいるだろうし、人気のラーメン店でも「味は好きだが、値段が上がったら、もう行かない」というお客はいるだろう。

当たり前の話だが、消費者の行動は全員一緒ではない。だから、**牛丼チェーンの需要曲線もラーメン店の需要曲線も、完全には水平や垂直にはならない**のだ。

図22　人気ラーメン店が値上げすると……

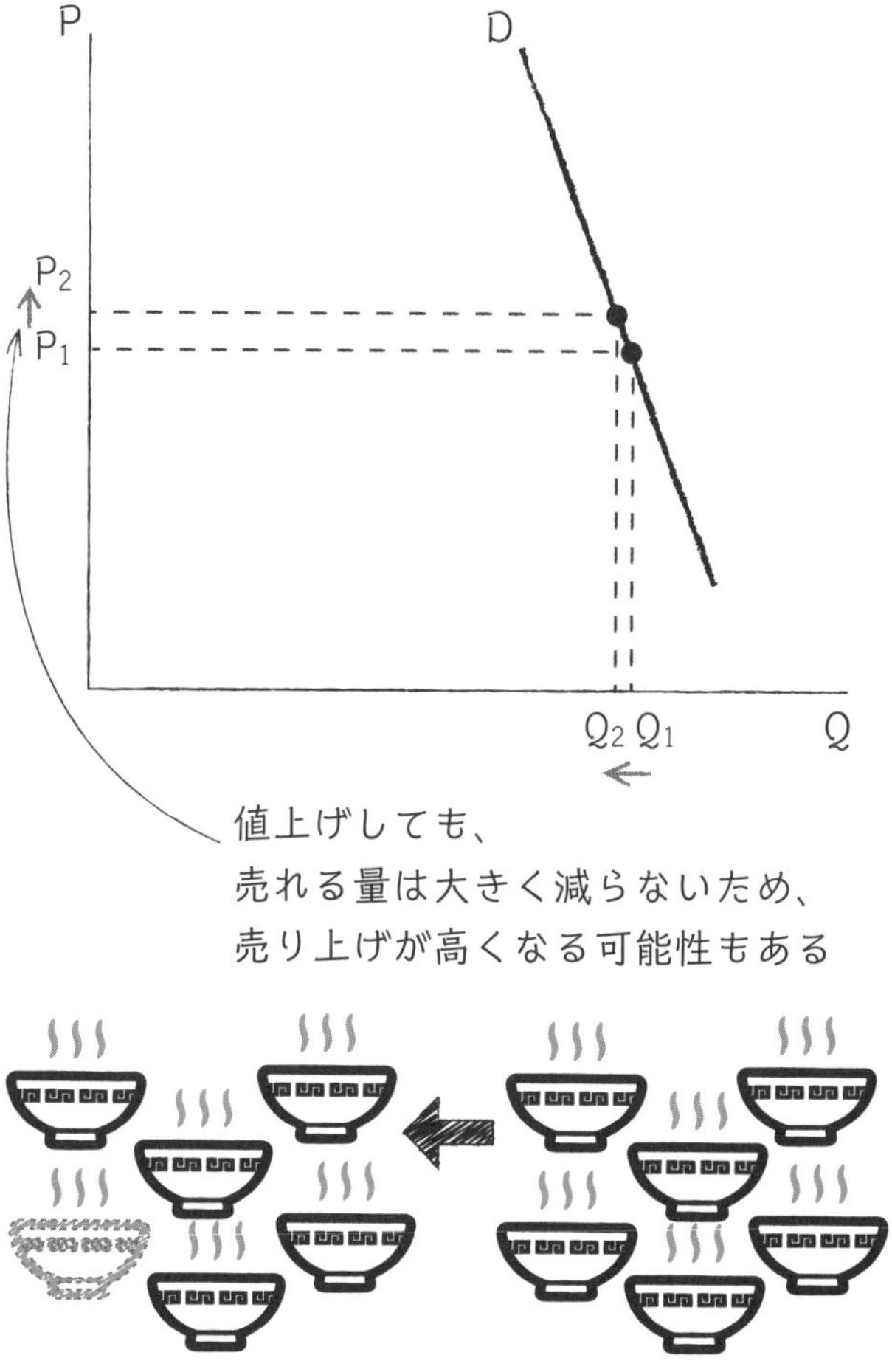
P
D
P2
P1
Q2 Q1
Q
値上げしても、
売れる量は大きく減らないため、
売り上げが高くなる可能性もある

「待機児童問題」を解決するためには、どうすればいい？

需要と供給の図を理解するには、具体例は多いほどいい。
数をこなすうちに、どういう需給曲線になっているのか、だいたいわかるセンスが磨かれていく。

さて、いろいろなケースを見る一環として、もう一つ興味深い事例を挙げておこう。
「待機児童問題」である。

これも、需要と供給の図を描いてみれば、容易に説明がつく。問題の全貌が見えれば、解決策にも考えが及ぶ。

ではまず、待機児童問題とは、需給で考えるとどういうことなのか。

まず大きく取りざたされると、あたかも日本全国で同様の問題が起こっているかのように見えるが、**部分的に保育所の需要と供給のミスマッチが起こっている。**これが待機児童問題の実態である。

たとえば、都心は家賃などが高すぎて住めない、かといってあまりに郊外に住むと不便――というわけで、そこそこ便利な地域にみんな住みたがる。

とくに子育て世代はそうだろう。

ただ、人気が高いということは家賃も高い。

そのため、地域に子どもはたくさんいても、保育所をわんさかとは造りにくい。

だから、保育所が不足するわけだ。

「人気がある地域で、そこそこ家賃が高い」という点が、やはり一部の地域で待機児童問題が深刻化している理由なのである。

したがって、保育所問題の供給曲線は【図23】のように途中まで自然な勾配があるが、ある一定のポイントから垂直になる。

図23　保育所問題の供給曲線

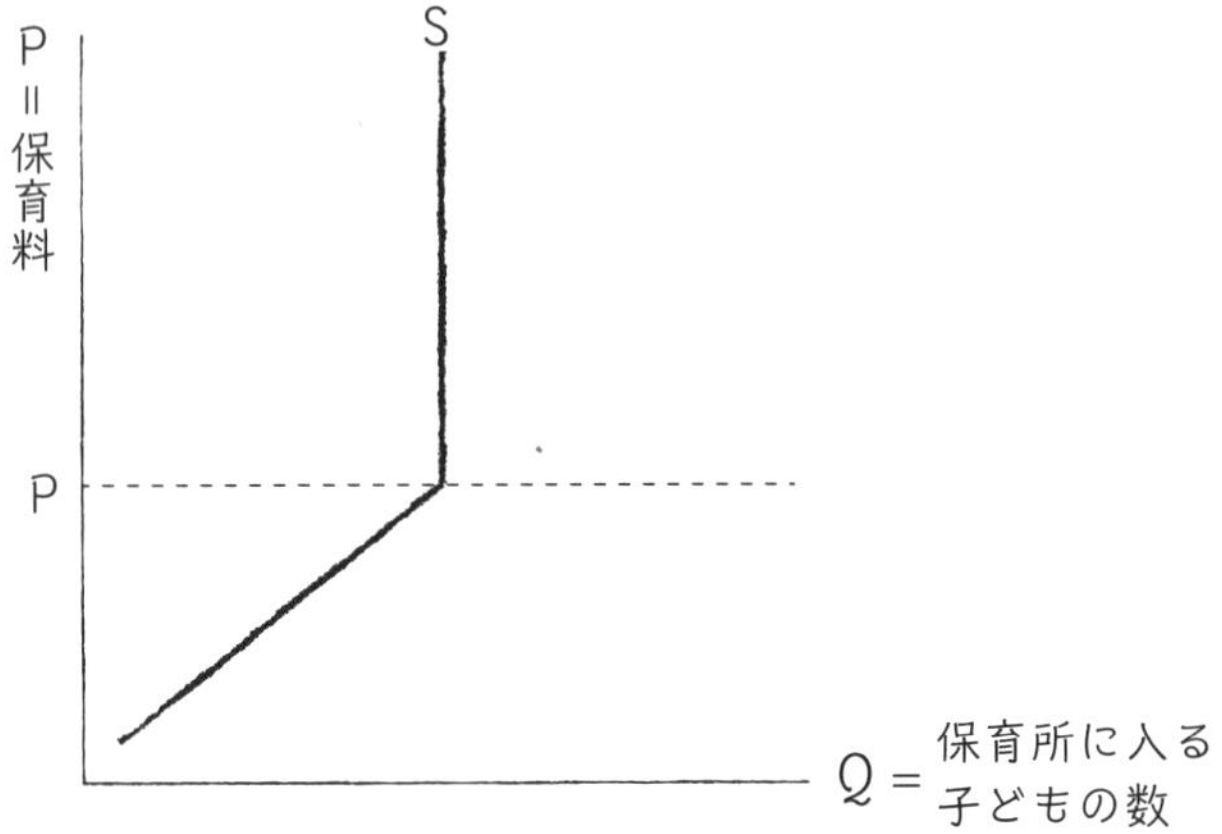

この垂直部分が、都心と周辺部で飽和状態になっている（供給量が固まってしまっている）保育所数だ。

もし保育料が上がれば、家賃がそこそこ高くても保育所は増えるだろうし、保育士そのものも増えるだろう。

しかし現状、認定保育には役所が定めた公定価格がある。

仮に値段が上がっても保育士になるのにも時間がかかる、というわけで供給量が固まってしまっている。

それに対し、需要曲線がDのような状態になっているから、値段がPのままで子どもを預けたいとなると、aとbの間のギャップが生まれる（図24）。

図24　待機児童問題の需要供給曲線

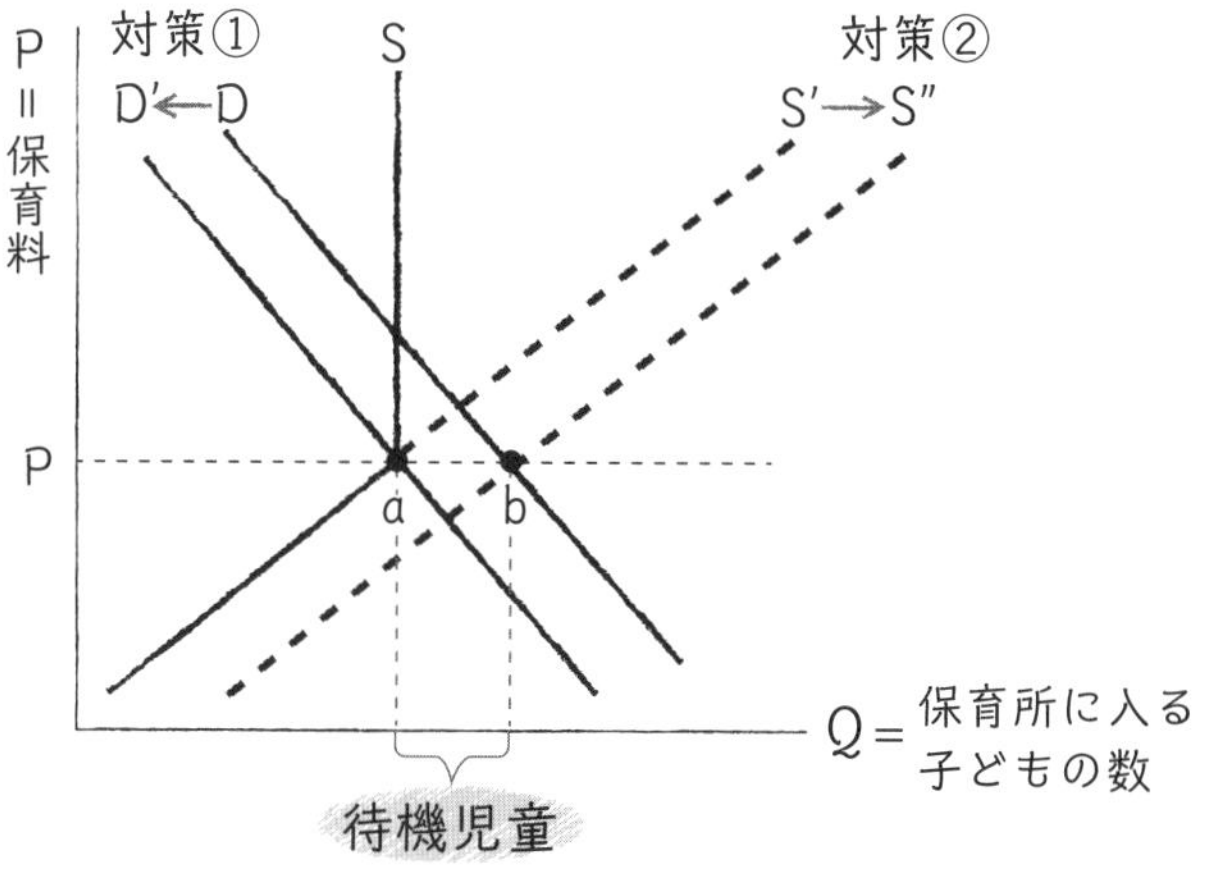

このギャップ部分が、需要に供給がマッチしていない部分、いわゆる待機児童だ。

そこで一部の家庭は、高いお金を払って無認可の保育所を選ぶ。これもたしかに一つの方法だ。

でも、高いお金は払えないという家庭もある。そんななかで保育ニーズを満たすには、どうしたらいいか。

二つの道がある。

〈対策①〉需要を減らす

一部地域の保育所がすぐには増えない（すぐには供給が増えない。前の不動産や農産物の説明で供給はすぐに増やせないと説明したが、その典型だ）ということは、その地域で保育所に入りたい子どもを減らすというのが、もっとも手っ取り早い。【図24】で言えば、需要曲線が、Dくらいにまでシフトすれば、需要と供給がマッチする。

本当に保育所に入れたければ、より保育所が多い地域に引っ越すか、より子育て世代が少ない地域に引っ越すか、どちらかの選択をすればいい、ということだ。

住む場所は変えたくない、働きたい、子どもを預けたい。

このすべてを叶えようとするから、待機児童問題に直面するのである。

本当に子どもを預けて外で働きたいのなら、保育所の争奪戦のない地域でのびのびと子育てができるように、思い切って「住みたい場所」を諦める、というのも一案だ。

そこに「便利だから」「愛着があるから」といった「ここに住みたい」感情が絡むから、問題に思えてしまうのである。

感情を排せといっているのではない。

もう少し視野を広げて、トータルで何が一番自分たちにとって心地いいのかを、考えてみてもいいのではないか、ということだ。

需要者がどうしても住むところを変えられないなら、政策で対応することも可能だろう。

別の地域の保育所に、子どもを預けられるような通園バスを取り入れるのも、需要曲線を変える方法だ。また、他の地域への交通代を、支給する政策もありうる。

〈対策②〉供給を増やす

これは、保育士および保育所の「数」を増やすということだ。

制度的な改革が必要であり、なおかつ長い目で考える必要がある。

たとえば、助成金を出して保育士を育成する、保育士免許を今より取りやすくする、などが考えられるだろう。

保育士の賃金を増やすのも一案だ。

ただし、この場合、全国一律の賃上げは費用の割に効果がない。ミスマッチの起こっている地域は限定されているので、そうした地域限定で行なったほうがいい。

この意味で、**待機児童問題は国政レベルではなく、地方行政で対応したほうが解決しやすい。**

保育士試験の年間における回数を増やすのも、供給を増やすのにいい。

保育士の待遇をよくしても、試験を現状のままにしておいたら、保育士は増えないで給料がよくなるだけになってしまうからだ。

こうして供給が改善されれば、供給曲線の垂直部分がなくなり、【図24】のS′→S″のように変わっていく。長い目で見る必要があるが、待機児童はグンと減る。

もちろん、そのころにはまた需要曲線も動いているだろうから、ここまで単純ではない。

ただ、考え方としては、これで解決するのだ。

インフレとデフレも需要と供給の話

私は、経済政策の提言を多く行なってきたという立場上、マクロ経済の話を求められることが多いが、ミクロ経済的に世の中を見ることも非常に有益だと思っている。**個々の事例を取り上げて、需給曲線はどうなっているのかと考えてみると、世の中のいろいろな問題が、よりはっきりと見えてくる**のだ。

私自身、さまざまな事柄について、そうやって考えてみるのは嫌いではない。ミクロ経済は、身近なところにたくさん転がっている、個々の現実問題について考えるのにはうってつけなのである。

経済は、自分の生活と切っても切れない。

マクロ的な視点から大局をとらえることも重要だが、今、目の前で起こっていることについても的確に考えることができなくては、経済を勉強する意味がない。
「需要と供給の図」という一つの分析ツールをもって、世の中を見渡してみてほしい。今まではずいぶんと違って、見えてくるはずだ。

そのための糸口になればと思い、本章では具体例を交えながら、需給曲線のいくつかのパターンを説明してきた。

需要と供給の話は、専門的には「価格理論」と呼ばれ、ミクロ経済学の中核を成す理論である。

価格の仕組みを理解するのに、これ以外に必要な理論はない。

さて、ここで、次章への足がかりとして、少しマクロにも視野を広げたい。
今までのミクロの話では、需要と供給は個々の商品の需要と供給だったが、マクロだと、すべて世の中全体の話になる。

つまり、**需要は、世の中全体の需要をすべて足し算した「総需要（アグリゲイトデ**

ィマンド）」、供給は、世の中の供給をすべて足し算した「総供給（アグリゲイトサプライ）」だ。

個々の商品でも、需要と供給が価格決定に関わっていたように、世の中全体だと、総需要と総供給が世の中全体の物価（一般物価）を決める。

よく、ある商品だけに注目して「値下げしたからデフレだ」と騒ぐ人がいるが、個別物価と一般物価の変動は、必ずしも一致しない。

一般物価はすべての個別物価の平均値のようなもので、特定の商品一つの動向でとらえられるものではない。

もちろん、個別物価も一般物価の一部であることは確かだから、一般物価が下がれば、同じように下がる個別物価もあるだろう。

ただ、個別物価が下がってもデフレではなく、個別物価が上がってもインフレとは言えない。インフレもデフレも、総需要と総供給によって決まる一般物価の話である。

たとえば、インフレには二つの起こり方がある。

ここまで読んできた人なら、もう想像がつくかもしれない。

前に、ある商品の値段が上がったときには、需要曲線が右にシフトしたか、供給曲線が左にシフトしたかの、二つの可能性があると話したことは覚えているだろうか。

物価にも同じことが言える。

つまり、**総需要曲線が右にシフトしてインフレになる場合と、総供給曲線が左にシフトしてインフレになる場合があるのだ。**

総需要曲線が右にシフトして起こるインフレを、「ディマンドプル」という。

【図25】を見てもわかるように、ディマンドプルの場合は、Q（生産量＝実質ＧＤＰ。意味は１０４ｐに）も増える。

つまり、**ディマンドプルによるインフレとは、消費者マインドが「もっと買いたい」に傾き、もっとモノが売れるという、好景気を示す**のだ。

まさに、総需要が「プル」する、言い換えれば消費者の財布がゆるくなったことが、

図25　ディマンドプルとコストプッシュ

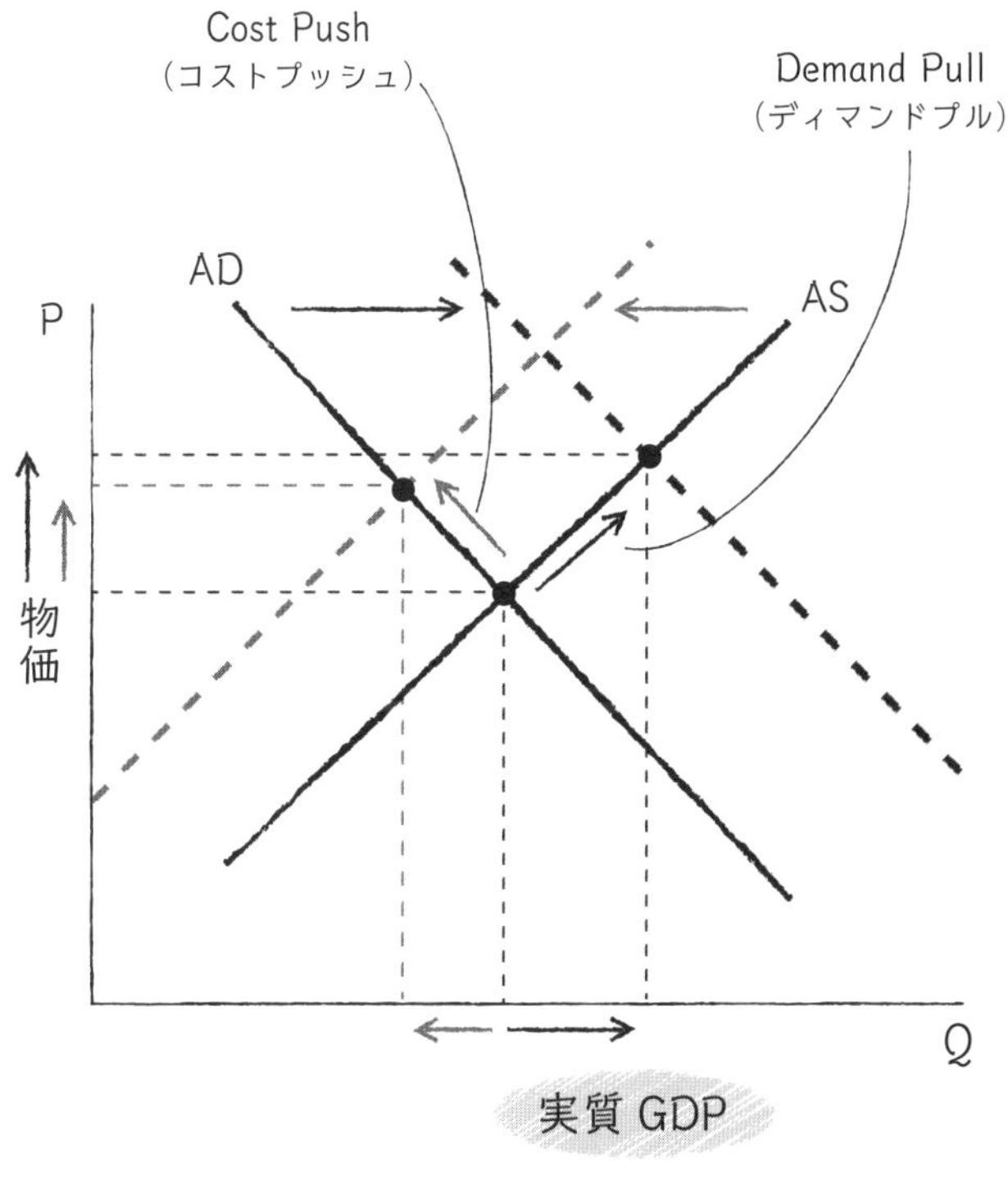

AD＝総需要（アグリゲイトディマンド）

AS＝総供給（アグリゲイトサプライ）

モノの売れ行きを「引っ張る」、というイメージがぴったりくるだろう。

一方、総供給曲線が左にシフトして起こるインフレを、「コストプッシュ」という。この場合は、インフレになったという結果は同じでも、Qは減っている。総供給曲線が左にシフトし、生産量を「プッシュ」した、つまり圧迫したということだ。


では、総供給曲線が左にシフトする要因とは、何か。

ひと言で言えば、供給するための「コスト」が上がることだ。原材料費や輸送費、もろもろが考えられる。だから、「費用に生産量が圧迫される」という意味で、「コストプッシュ」というのである。


たとえば、昨今の物価高について、その理由の一つにはコストプッシュが挙げられる。

2020年以降のコロナ禍や、ロシアによるウクライナ侵攻などさまざまな要因はあるのだが、エネルギーにしろ、物資にしろ、商品にしろ、海外で軒並み高騰しているのだ。

とくに日本の物価高は、エネルギーと食料品が大半であった。これは、海外からのコストプッシュの影響だったとはっきり言える。

だから、日本のメーカーもまた商品を値上げせざるを得なかった。


2023年現在、海外ではそろそろ物価高騰のピークを迎えている。

おそらく日本の物価上昇もやがて高止まりし、それ以上は上がらなくなるだろう。前年比で数字だけ見れば、そのうち物価の上昇率は落ち着く。

一方、実質の値段が高止まりするということは、価格が上がったまま維持されるということだ。値段が上がれば、売れる量が減るものもあるだろう。

こうした製造業のピンチが日本経済全体に影響を広げていくことで、コストプッシュのインフレも起こりかねない。

コストプッシュのインフレを放置すれば、国民は物価高の再熱に苦しみ、メーカーはコストが高いなかで商品を作っても売れない、という最悪の状況になる。

国がなんとかしなくてはならない。

国は、コストプッシュのインフレのみならず、デフレによる不景気などでも、さまざまな策を講じて景気をよくしようとする。

では、国はいったい、どんな策をとるのか。

それを、次章から話していく。

まず、ここでは、**マクロ経済だと「価格＝物価（一般物価）」、「数量＝実質GDP」、「需要＝総需要」、「供給＝総供給」であり、これらを操作するのは経済政策である**ということを覚えておいてほしい。

Column

物価はモノに対する「お金の量」で決まる

物価は、総需要と総供給のバランスによって決まると言ったが、これは、「世の中で売られているモノの総量」と「世の中に出回っているお金の総量」のバランスと言ってもいい。

なぜなら、需要とは「支払い能力を伴う欲」のことだからだ。

誰かが何かを「欲しい」と思っても、実際に買うことができなければ、それは需要とは言わないのである。

次章で詳しく見ていくが、「総需要」には、日本全体の消費、投資、輸出入（輸入はお金が外に出ていくことだから、輸出から輸入をマイナスする）、さらには政府が使うお金も含まれる。

これらの「お金の総量」が、モノの総量に対して、どれくらい多くなったか、あるいは少なくなったかで、インフレか、デフレかが決まるのだ。

・インフレは、モノに対してお金の量が増え、モノの価値が上がった状態

・デフレは、モノに対してお金が減り、モノの価値が下がった状態

ひと言で言えば、このように定義できる。

当然、このバランスはつねに揺れ動いている。モノに対するお金の量が、どれくらいならインフレで、どれくらいならデフレということはなく、前年に比べてモノの価値が上がればインフレ、下がればデフレというのだ。

これは**「貨幣数量説」**という、基本的な経済理論である（97p図参照）。

物価を安定させ、経済を上向きにするために、政府や日銀は総需要を動かす政策をとる。

言い換えれば、世の中に出回るお金の量をコントロールすることで、デフレに傾いたときにはインフレに、インフレに傾いたらデフレにするのが、政府・日銀の仕事なのである。

貨幣数量説

～世の中に出回るカネの増減によって、物価は上下する～

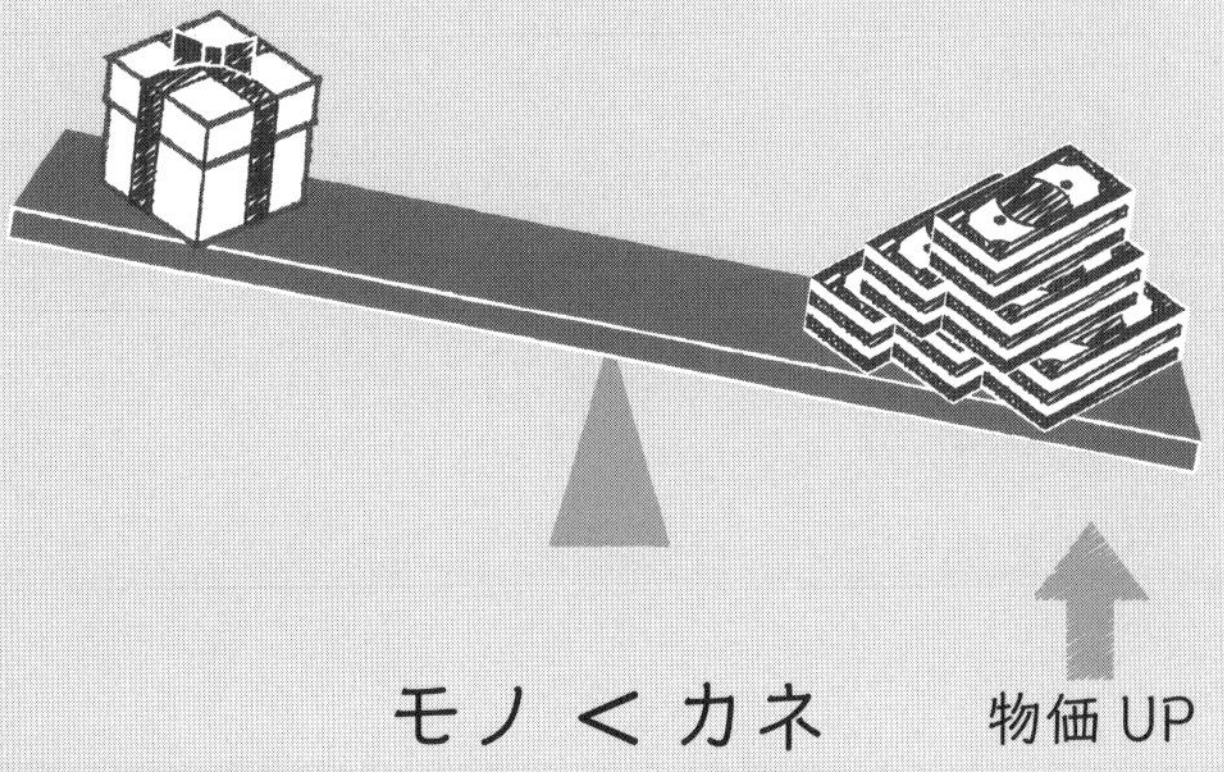

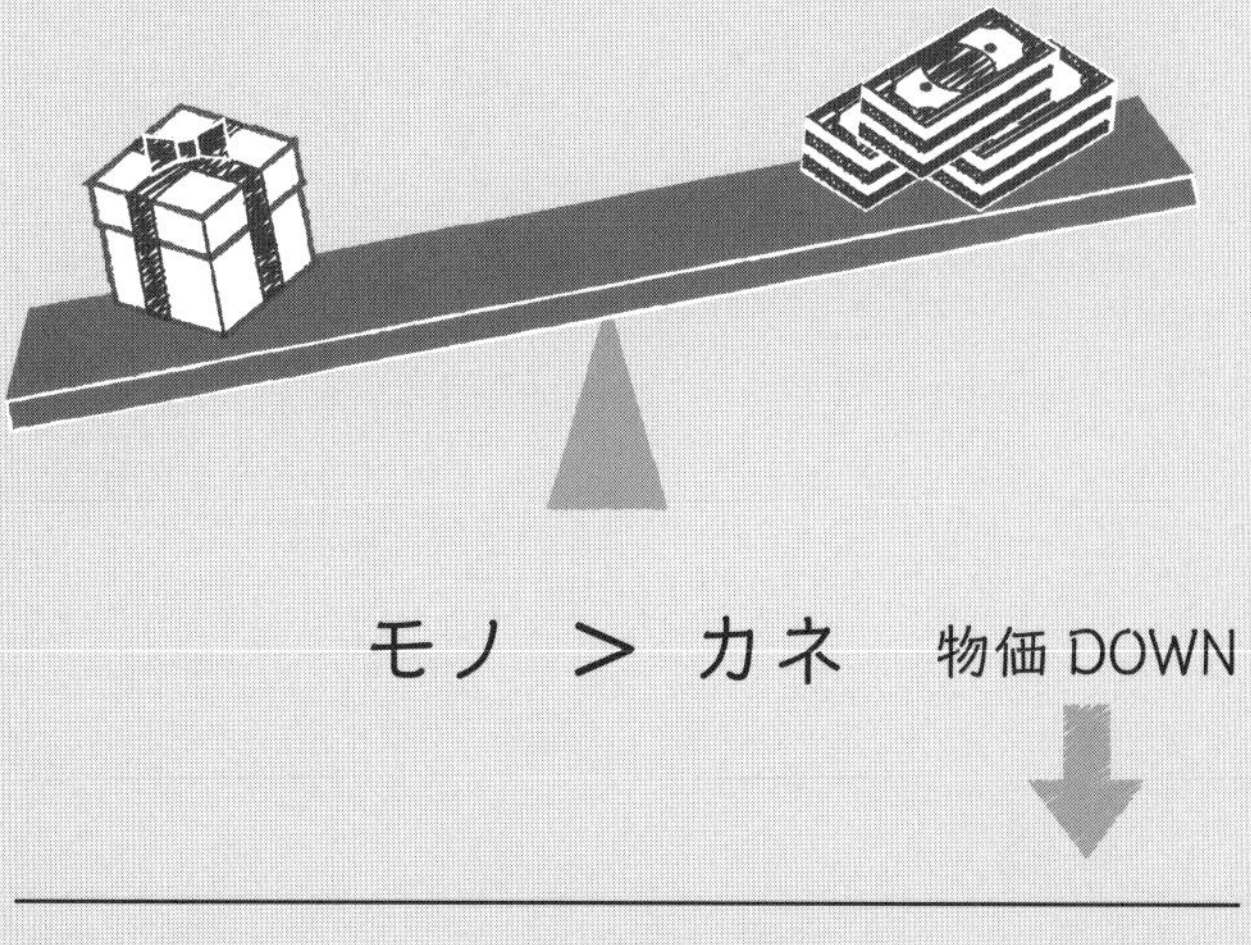

第2章

すぐわかる！「お金の政策」の話

——【マクロ経済学】半径1メートルの視野を広げてみよう

マクロ経済政策とは「総需要曲線」を右か左にシフトさせること

前章では、ごく身近な経済について理解を深めてもらった。

本章からは、視野を世の中全体に広げていこう。

マクロ経済では需要は総需要、供給は総供給、価格は一般物価を示すということは、前章の最後に説明した。

ミクロ経済では、需給の変動によって価格変動がいかに起こるか、あるいは価格を動かすことでいかに需要と供給が変わるか、という「価格理論」を理解すればいい。それは前章の説明で、十分に足りる。

しかし、マクロ経済となるとちょっと違う。

世の中全体の経済をとらえる際には、個々人、個々の企業のみならず、「政府」が

関わることを考えなくてはいけない。

経済において、個々人、個々の企業と政府が大きく違うところはどこか。

すでに述べたとおり、**政府は、マクロ経済政策によってマクロ経済を操作することができるのだ。**

なお、一般論として、政府はミクロ経済には介入しないほうがいい。個別の産業や個別の企業にとって政府の存在は害悪になったり、えこひいきになったりすることが多いからだ。

さまざまな事情で経済状況（とくに誤解がなければ、以下ではマクロ経済をいう）が悪くなったときに、**日銀に指示して金融政策を行なわせたり、政府みずから財政政策を行なったりして、**経済を上向かせようとする。

これは、政府の重要な仕事の一つなのである。

では、**金融政策、財政政策とは何かというと、**前章の最後で見た**「総需要曲線」をどう動かすか、**という話だ。

総需要とは、世の中の需要量すべての合計である。実際にどのくらい需要者がお金を支払ったか、その総額を表すということだ。

これを踏まえて、たとえば、不景気が続き長くデフレであった日本の場合、どういった経済政策が求められていたのか。

消費者マインドが「もっと買いたい！」というほうに変化し、人々の財布の紐がゆるみ、結果、たくさんの人がお金を支払ってくれれば、より物価は高く、生産量は多くなるだろう。このとき、総需要曲線がどう動くことになるか、先の「ディマンドプル」の話を思い出してほしい。右にシフトすればいいのだ。

要するに、このとき国がとるべきは、まさに経済政策を総動員して総需要曲線を右にシフトさせることだったわけである。

わかりやすく例を挙げてみたが、どの金融政策も財政政策も基本は同じである。

・景気が悪くなったら（デフレになりすぎたら）、
総需要曲線を右にシフトさせる手法
・景気が過熱しすぎたら（インフレになりすぎたら）、

総需要曲線を左にシフトさせる手法

という具合に臨機応変に金融政策と財政政策を行ない、物価を「ちょうどいいところ」に調整する。

そうして、ほどよいペースの経済成長を目指すのだ。

まずは、これだけ覚えておこう。

ポイントさえつかめば、必要な経済政策はわかる

経済政策とは、つまるところ、総需要曲線を動かすということ。

このポイントさえわかれば、誰にでも、今、必要な政策がわかる。

その前に、世の中全体の需給曲線を整理しておこう。

【図26】を見てほしい。おさらいになるが、**世の中全体を表す図なので、Pは「物価」、Qは「実質GDP」**である。

実質GDPとは、字のとおり「実質的なGDP」ということだ。

たとえば、昨年のGDPが100万円で今年のGDPが110万円だったとしたら、単純計算で10パーセント成長したことになる。これを名目GDP成長率という。

しかし、その1年の間に物価が動いているため、去年と今年を単純比較はできない。

図26　総需要と総供給

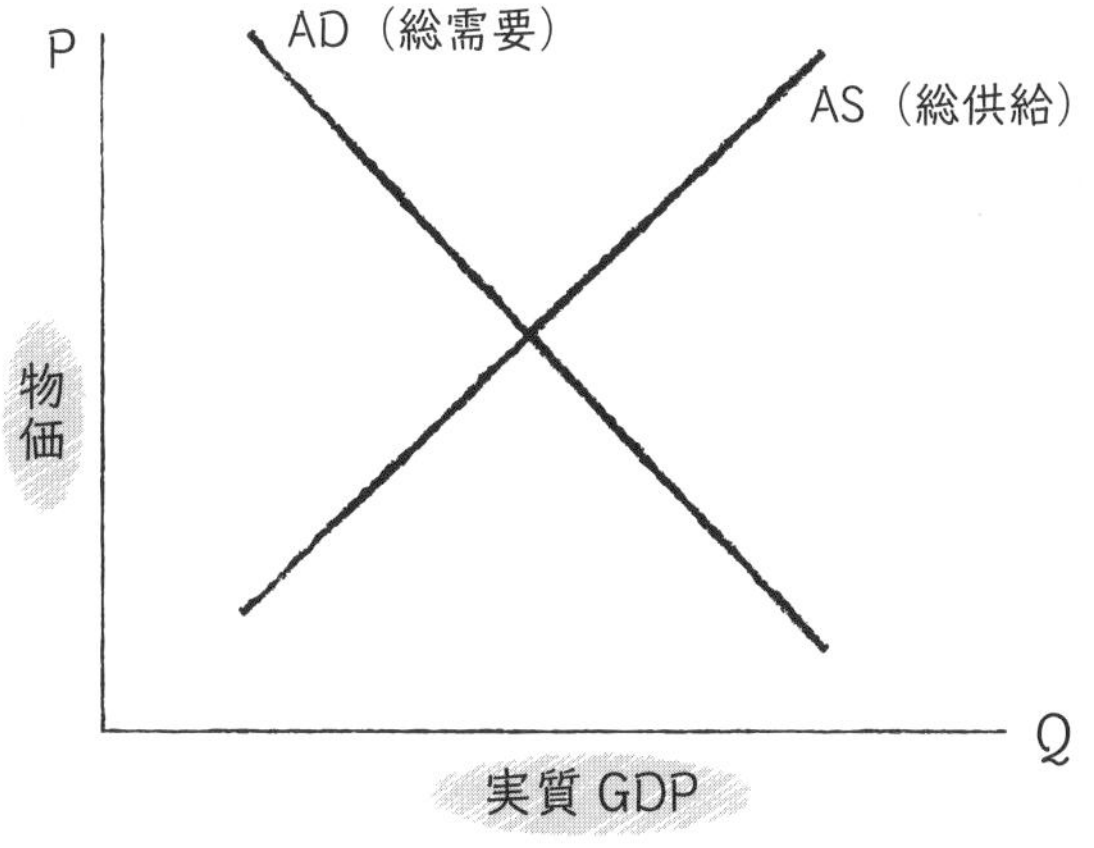

今年の110万円の価値は、去年の時点での110万円の価値と同じではないのだから、去年の100万円を基準として「10パーセント成長した」という名目GDPは、実態を表していないのだ。

だから、物価変動分が仮に5％だとすれば、その調整を加えた実質GDP成長率は約5％となり、つまり今年の実質GDPは約105万円となるわけである。

さて、次は総需要曲線と総供給曲線である。

総供給とは、世の中全体の供給ということだから、あらゆるモノやサービスの供給量を指す。

対する総需要は、「消費＋投資＋政府需要＋輸出－輸入」である。

このなかでわかりにくいのは、政府需要ではないだろうか。のちの4章で詳しく説明するが、政府は公共投資を行なったりする。つまり、じつは政府も需要者、いわば消費者の一つなのである。

その他、消費は所得のなかで、モノやサービスを買うこと、投資は所得から消費を引いた残りの貯蓄であり、預金や株式投資などである。

そして輸出は海外に製品を売ること、輸入は海外から製品を買うことで、売れば所得になって、買えば所得から出ていくので、輸出は足し、輸入は引くこととなる。

では、どんなときに、どんな政策が必要なのかを考えてみよう。

デフレで景気が悪いとなれば、総需要曲線は右にシフトさせるべきだ（図27）。となれば、財政政策としては減税と財政支出、金融政策としては金融緩和である。

先ほど、総需要の内訳を見たのは、政策によって影響が及ぶところが異なるからである。

結果として総需要曲線がシフトすることに変わりないが、「総需要のうち、どこが

図27　デフレで景気が悪いとき

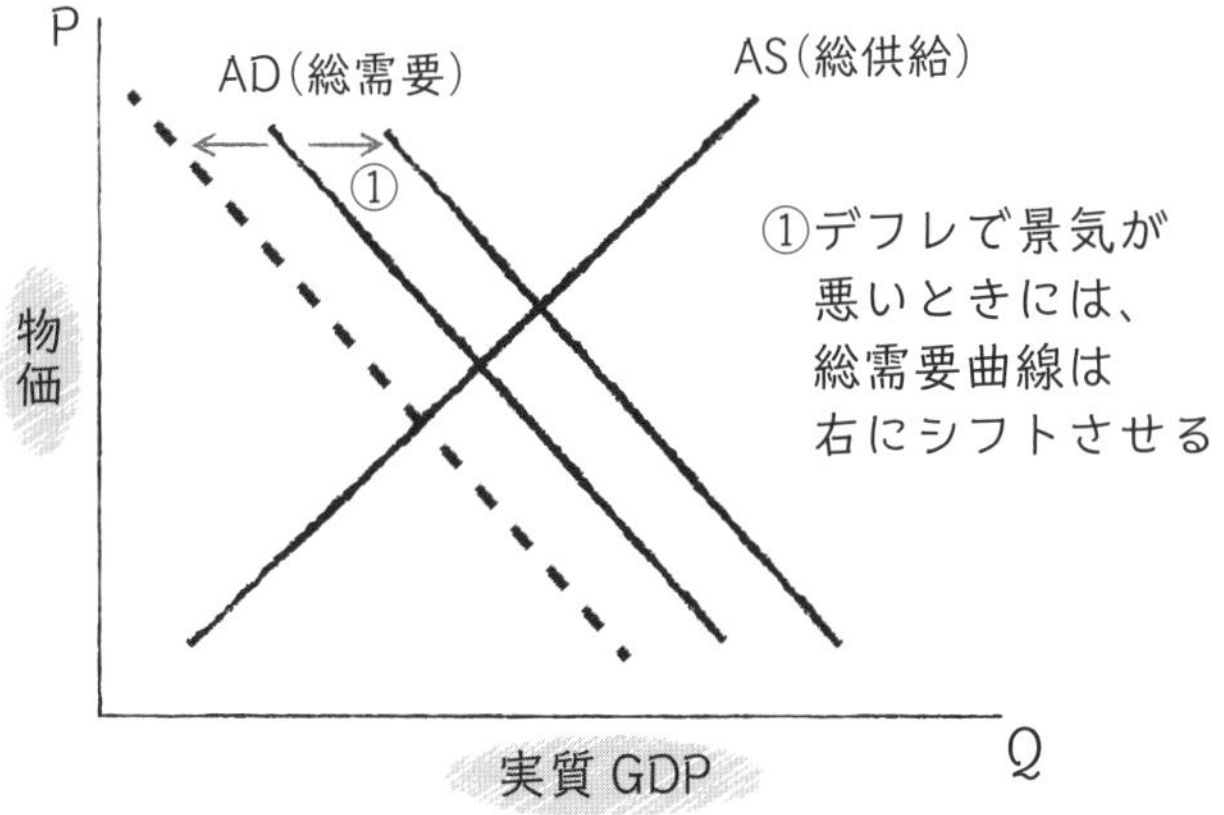

動いて右にシフトするのか」が若干、異なるということだ。

まず、**財政政策のうち、減税は消費に影響する**（図28）。

これは容易に想像がつくだろう。税の負担がより軽くなって、財布のヒモがゆるくなるわけである。

そして財政支出とは政府が公共投資などにお金を使うことだから、単純に政府需要を上げる。

一方、**金融緩和は、主に投資と輸出入に影響する**。その効果は消費にも波及する。

なぜなら、**金融緩和とは、日銀が金利**

図28　経済政策の効果

	①総需要曲線を右にシフトさせる			②総需要曲線を左にシフトさせる		
総需要／経済政策	減税	財政支出	金融緩和	増税	緊縮財政	金融緊縮
消　費	アップ			ダウン		
投　資			アップ			ダウン
政府需要		アップ			ダウン	
輸出－輸入			円安→輸出アップ			円高→輸出ダウン

を下げたり、お金の量を増やしたりして、「世の中に出回るお金の量を増やす」ものだからだ。

日銀が金利を下げれば、民間の金利も下がり、企業や個人がお金を借りやすくなる。

つまり投資がアップし、同時に日銀がお金を増やせば当然、円の量が増える。すると、相対的にドルより円のほうが多くなる。

言い換えれば「以前と比べて、ドルより円が多い状態」となり、円安になる。だから、輸出量は増え、輸入は減る。

このように、金融緩和は金利を通じて投資に、為替を通じて輸出入に影響する。

図29　景気が過熱しすぎているとき

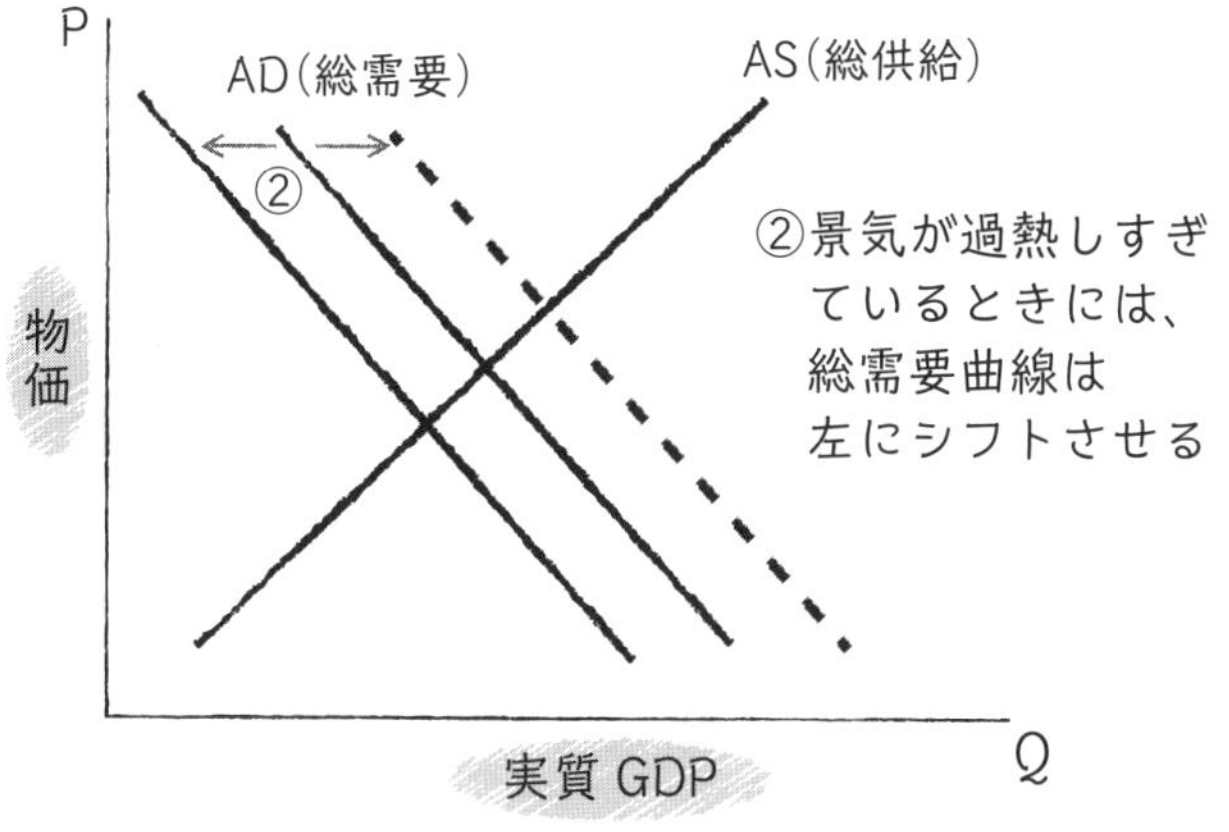

不景気のときに、これらの財政政策と金融政策を行なえば、こうして一つひとつの需要に影響し、総需要曲線は右にシフトする。

そして物価も実質GDPも上がる、というわけである。

逆に、景気が過熱しすぎて、ちょっと冷水を浴びさせたほうがいいときには、正反対のことをすればいい。

すなわち、**増税、緊縮財政、**そして**金融緊縮**である。

すると、先に説明した作用と逆のことが起こり、**総需要曲線は左にシフトする**【図29】。

では、今、述べたような視点をもって、ここ数年の経済政策を見ると、どうだろう。金融緩和をしているなかで消費税が８パーセントに増税され、さらに10パーセントまで上げられてしまった。結果、失業率の減少が足踏みし、金融緩和政策の成果を失速させたことは明らかだ。

それにもかかわらず、消費増税ほか、防衛増税、社会保険の負担増といった話があとを絶たない。増税そのものが早く消えてほしいものだ。

ともあれ、「総需要曲線を右か左にシフトする」というコンセプトさえ理解できれば、あるべき経済政策がイメージできるようになるだろう。

こんなシンプルなことでいいのかと思うかもしれないが、これが実際に私が使っている基本的な考え方である。

「これはどんな需要供給曲線になるだろう？」

マクロな需給曲線が飲み込めると、たとえば失業率なども、どんな政策が有効かが、すぐにわかる。

雇用問題のポイントは、

・どれくらいお給料がもらえるか
・どれくらいの人が雇用されているか

の2点だ。

だから失業率を考える場合、【図30】のようにPを「賃金」、Qを「雇用量」とする。

賃金の額はピンキリだから、需要曲線は勾配があるが、供給曲線はあるポイントで垂直になる。

勾配があるのは、安くても働く人がいるからだが、**垂直になるのは、労働人口は一定だから、つまり雇用の供給量には限度があるから**だ。

もし、労働の需要が、労働の供給とぴったり一致しているなら、需要曲線はａのポイントで交わることになる。これは失業者が一人もいない状態だ。

このポイントから労働の需要が高まり、需要曲線が′D、″Dという具合に右にシフトするほど、賃金は′P、″Pという具合にうなぎのぼりとなる。いわゆる「仕事はあるのに人が足りない」状況となるため、賃金が大幅にドン、ドンと上がっていくのだ。


しかし、実際にはそうはいかない。

たいていの場合、需要曲線はもっと左のほう（‴D）にあり、需要曲線と供給曲線が交わるポイントｂと、労働人口が垂直になるポイントａの間に差が生じる。

この差が、すなわち失業者の数だ。そのうえ、労働需要と供給が一致しているときより賃金も低い（‴P）。

図30　失業率

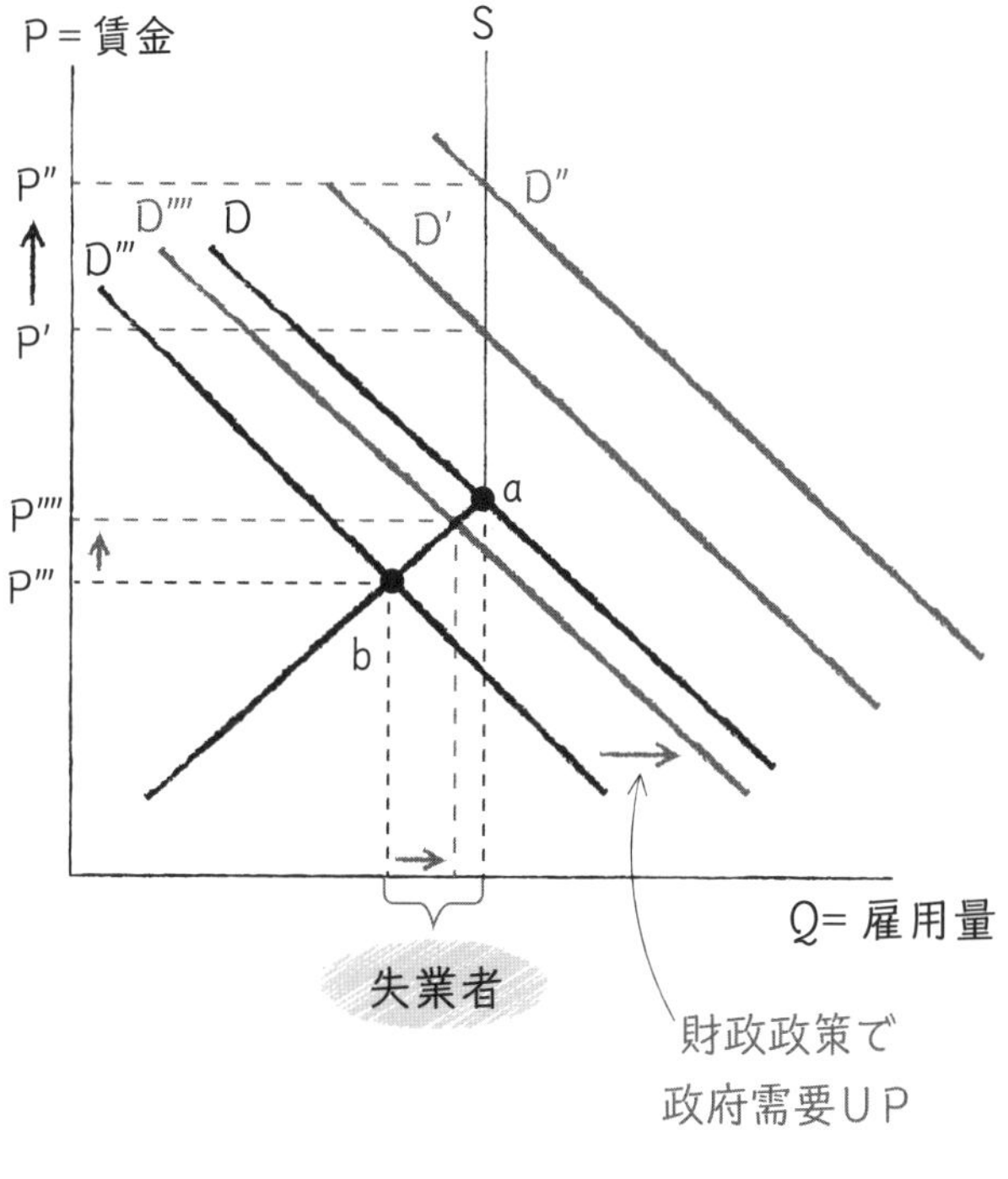

労働の需要曲線が
右にシフトするほど賃金ＵＰ！

この状況を改善するには、どうしたらいいか。

ここでも、**財政政策と金融政策**が考えられる。


財政支出で公共投資を増やすのは、有効な方法の一つだ。

公共事業の増加によって政府需要が増す。すると労働の需要曲線が″D″に移動し雇用量が増え、それに従って賃金も″P″にまで増える、という単純な話である。

一方、金融政策をとる道もある。

あとで詳しく説明するが、**経済が厳しいとき、政府の政策と協調して日銀は金融緩和策**をとる。

金融緩和には、世の中の金利を下げる作用があり、企業が銀行からお金を借りやすくなる。企業は、銀行からお金を借りて設備投資を行なう。

設備投資とは、新たに工場などを建てたり、新しい機械を導入したりするのにお金を使うことだから、ここでも労働需要アップが見込めるというわけだ。

このように、**失業率の問題も、要するに需要と供給の応用**なのである。

その他、いろいろなことについても、「これはどんな需給曲線になるだろう」と考えるクセがつけば、いずれ自分で「Pは何、Qは何、需要曲線はどんな形、供給曲線はどんな形」という具合に、需要と供給の図が描けるようになるだろう。

結局のところ金融政策と財政政策、どちらがいい？

財政政策とは、「政府が使うお金を増減」させ、総需要曲線を動かすこと。

金融政策とは、政府の方針に従って「日銀が世の中に出回るお金の量をコントロール」し、総需要曲線を動かすこと。


ひと言で言えば、これが経済政策である。同じ効果を得るのに、複数の手法があるということだ。

では、何が一番いいのかというと、そのときどきの社会状況によって違う。

だから、政府は、消費者マインドはどうなっているか、企業の投資はどれくらい活発か、為替や輸出入の状況はどうかと、複合的に考えて決断を下さなくてはならない。

たとえば、**政府支出は、公共投資などによって有効需要（確実に金銭のやり取りが生じる需要）を増やす手法だ。**

これは、世の中に直接お金を渡すようなものであり、**即効性が期待できる。**

しかし、変動相場制のもとでは、財政政策によって為替が円高に振れてしまう場合がある。

どういうことかと言えば、次のような連鎖反応が起こるからだ。

政府支出を増やすには、増税して民間からお金を召し上げるか、国債を新規発行して民間から借金をする。

国債を大量に新規発行すると、国債の利回りが上がる。詳しくは4章で説明するが、要するに「日本国債を買うと得をする」という状況が生まれるのだ。

となれば当然、国内外で「日本国債を買いたい」という人が増える。日本国債は、もちろん円建てなので、外国人は通貨を円に替え、日本国債を買おうとする。

こうして円の需要が高まると、まさに「需要と供給」の関係で円の価値が上がり、円高になるというわけだ。

しかし、円高になると今度は輸出が減り、総需要の足を引っ張ってしまう。すでに説明したように、総需要には「輸出」が含まれているからだ。

このように、総需要曲線を右にシフトするためにとられた財政政策が、一方ではその変化を封じるように作用してしまい、全体として、効果が出ていないように見えることがあるのだ。

もっとも、あとで触れる金融緩和を十分していると、国債を発行しても金利が上がらないので、輸出が減るような円高にならずに、財政政策の効果が出る（金融緩和をすると金利が上がらず、金利が上がらなければ円高にならないというメカニズムは、次章をよく読んで理解してほしい）。

一方、**金融政策は、世の中に出回るお金の量をコントロール**できる。

私たちが勝手にお金を造ったら犯罪だが、日銀はいわば「必要に応じて、好きなだけお金を増やすことができる」からだ。

といっても、これは比喩的な話であり、日銀が紙幣を増産し、世の中にばらまくわけではない。実際には、民間金融機関を通じて、じわじわとお金が世の中に出回るようにしていく。

その効果が現れるのは、半年〜2年後くらいだ。

財政政策と金融政策は、手法も違えば効果が出るスピードも違う。

経済には国内外のさまざまな要素が絡んでいるため、効果を期待しても、思わぬ反射作用によって効果が抑えられてしまうこともある。

基本的な考え方はシンプルだが、実際に行なうとなると、そう単純ではないということも、覚えておこう。

Column

金融政策にも財政政策にも限界はない

経済の本には、**金融政策と財政政策の「限界」**について、紙面を割いているものも多いが、結論から言えば、**どちらにも限界などない。**

金融政策（金融緩和）も財政政策（財政支出）も、つまるところ「お金を増やす」ということだ。

お金を増やす権限は政府、日銀にあるのだから、彼らが「増やそう」と考える限り、増やし続けることができる（どうやって増やすかは、次章で詳しく説明する）。

お金を増やしたいだけ増やせるなんて素晴らしい、限界がないのなら、どんどんやればいい、と思うかもしれないが、それも違う。**総需要曲線が右にシフトしすぎれば、今度はインフレになりすぎて、結局、私たちは困ることになる**からだ。

アベノミクス以前、数十年にわたって日本はデフレに苦しんできた。

だから、デフレ脱却が盛んに叫ばれていただけで、もちろん、インフレになればなるほどいいわけではない。

大事なのは、バランスなのだ。

ミクロでもマクロでも、需要曲線と供給曲線が「ちょうどいいポイント」で交わることが、私たちの生活を豊かに、安泰にする。

金融政策も財政政策も、その「ちょうどいいポイント」へと誘導するためのものだ。必要なら行なえばいいが、「ちょうどいいポイント」までは、限界がないからこそ、加減が大事である。

問題は「どこまでできるか」ではなく、「やるか、やらないか」であり、やるとしたら「どこまでやるか」なのだ。

第3章

本当はシンプル！
「日銀と経済」の話

——金融政策は「金利」と「お金の量」のシーソーだ

「金利」は金融政策の大黒柱

金融政策を理解するには、まず「金利とは何か？」から説明を始めなくてはいけない。**金利とは、要するに「お金を貸し借りする際に生じる見返り」のようなものだ。**

たとえば、銀行はあなたから預かったお金を投資に使い、運用益を得ている。あなたは、銀行にお金を「貸している」のであり、銀行預金につく利子はその見返りといえる。

逆に、あなたが住宅ローンなどでお金を借りれば、今度はあなたが利子を払う側となる。銀行は、あなたにお金を貸した見返りとして、貸した額より何パーセントか多く、あなたから返してもらう、というわけだ。

この金利は、いったい誰が決めているのだろうか。

まずは、日銀がいない民間だけの世界を考えよう。

ここでも、需要と供給の考え方が重要である。

金利は、お金の「価格」ともいえるので、縦軸に金利、横軸はお金の量という需要と供給の図を思い浮かべてほしい。**その需要と供給のなかで金利が決まる。**

これがまず押さえておくべき基本である。

ここに、日銀（中央銀行）を加えてみよう。日銀はお金の供給を決められるので、日銀の役割は重要だ。

さて、現象として見れば、金利は個々の金融機関が決めているのだが、どこの銀行でも、金利は大して変わらない。

なぜなら、**日銀が決める「政策金利」が基準値になっている**からだ。

そういう意味では、元をたどれば、**「金利は日銀が決めている」**といってもいい。

ここで、金利は日銀が決めるということがいえるのは、お金の供給で日銀が決定的な役割を握っているからだ。

では、政策金利とは、どんな金利か。

金利には「短期金利」と「長期金利」がある。

たとえば、住宅ローンは30年などだし、国債にも1年物から10年物、30年物などもある。長期金利にはいろいろな種類があるが、基本的に償還期間（完済するまでの期間）が1年以上のものを長期金利と呼ぶ。

となると短期金利は、基本的に1年未満のものとなるが、話はそれだけでは済まない。

民間金融機関は、日銀に当座預金を持っており、そこに一定額を入れておくことを義務付けられている。これを「法定準備金」という。

ところが、日銀当座預金の残高は、日々の取引のために変動している。

ときには、法定準備金を割りそうになることもある。

そうなったら、金融機関は、他の資金豊富な金融機関から瞬間的にお金を借りて、法定準備金を補うのである。

そこでよく使われるのが、金融機関同士で資金の調達や供給を行なう「無担保コール翌日物」だ。これは「今日、借りて、明日、返す」という、要するに償還期間がたった1日の超短期金利である。

話を戻すと「日銀が動かす政策金利」とは、この超短期金利の「無担保コール翌日物」の金利を指すのである。

日銀は、金融政策によって、世の中に出回るお金の量をコントロールする。

世の中のお金の動きを実際に変えるのは、長期金利だ。設備投資や住宅ローンの金利が下がれば、企業や個人がお金を借りやすくなって、世の中をお金がグルグルとめぐりだす。

ただし、**日銀は、長期金利を直接動かすことはできない。**

もちろん、短期金利を動かせば、長期金利も動く。

しかし、実際に長期金利がどれくらいになるかは、将来の物価変動や市場の動向など、現時点では不確実な要素に大きく左右される。

だから、**日銀は、まず超短期金利を動かすことで、派生的、間接的に長期金利も動かす**、という手段をとるのだ。

日銀は、世の中の景気を見て「政策金利」を決める。

たとえば、景気の悪化を受けて日銀が政策金利を下げたとしよう。民間の金融機関は、日銀や他の金融機関から、より安い利子で資金調達ができることになる。

すると、民間金融機関は、自分から企業や個人に貸し出す際の金利を下げて、融資を増やそうとする。

お金を借りたいと思っている、企業や個人にとっては「渡りに船」である。より安い金利でお金を借りて、ローンを組んだり設備投資をしたりする。

こうして、**政策金利から派生的、間接的に長期金利が下がり、以前より多くのお金が世の中に出回る**ことになる。

それが、**景気が上向く大きな推進力**となる。

政策金利が動けば、民間の金利も動くというのは、こういう連鎖反応が起こることなのである。

「金利」と「お金の量」は表裏一体

世の中の金利とお金の量は、つねに表裏一体だ。

ひと言で言えば、金利が下がればお金の量は増える（お金が増えれば金利は下がる）し、金利が上がればお金の量は減る（お金が減れば金利が上がる）。

要するにこれも、需給曲線に当てはめてみればいい。

1章で言ったように、「モノの値段と量は連動している」という、需要と供給の原則が「金利とお金の量の関係」にも適用できるのだ。

この場合、Pは「金利」、Qは「世の中に出回るお金の量（貨幣量）」、需要曲線は「世の中のお金の需要」である。

図にすると【図31】のようになる。

ここで、基本的な需要と供給の関係を思い出してほしい。

値上げすれば需要が減って量が減り、値下げすれば需要が高まって量が増える。

それを金利と貨幣量の話に当てはめると、**金利が下がると世の中の貨幣需要が増え、貨幣量が増える**ことがわかるだろう。


なぜそうなるかと言えば、簡単だ。

金利が下がると、より多くの人がお金を借りるようになる。つまり、それだけ貨幣が必要になる。

日銀は、世の中の貨幣需要によってお札を刷る量を決めるから、金利が下がるとお金の量は増えるのだ。

逆に、金利を上げれば、お金を借りる人が減るため、世の中の貨幣需要は減り、貨幣量が減るのである。

日銀は、世の中の貨幣需要に直接、手を加えることはできない。

だから、金融政策の需給曲線は、【図31】に示したように、需要曲線の上を金利が

図31　金利と貨幣量

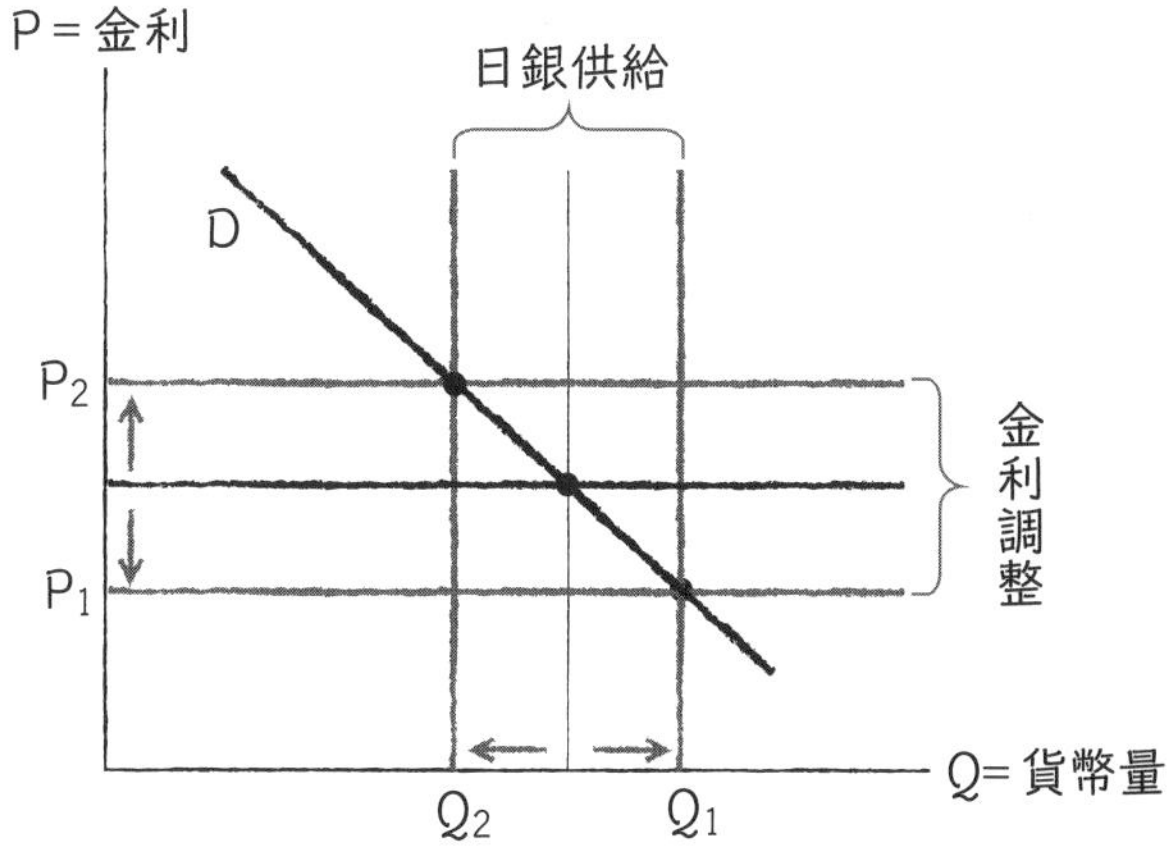

上下するだけとなる。

今、説明したのは、P（金利）を動かすことでQ（貨幣量）を動かす方法だったが、Qを動かすことで金利を動かす、という手法もある。

それが【図31】に垂直に描いた「日銀供給」だ。日銀のお金の供給である。

といっても、アプローチする方向が違うだけで、結果は何も変わらない。

日銀供給が右にシフトすれば金利が下がる。

これも、考えてみれば当然の話だ。

金利を、「お金を貸す側の価値」と考えてみるといい。

日銀がお金を増やす（量的緩和）と、民間金融機関の資金（日銀当座預金の残高）が潤沢になる。

お金をただ持っていても何にもならないので、民間金融機関はお金を貸したいと考える。

これは、「お金を借りたい」という需要に対して、「お金を貸したい」という供給が、以前より増えるということだ。だから、貸す側の価値（金利）は下がる。

逆に、民間の金融機関の資金が減ると、今度は「借りたい」という需要に対する供給が減るから、供給側の価値が上がる。すなわち金利が上がる、というわけだ。

このように、**金利とお金の量も、要するに需要と供給の話なのだ。**

だから、ニュースなどで「日銀が量的緩和」と聞いたら「ああ、金利が下がるんだな」と思えばいい。

これで、**金利とお金の量は表裏一体**という意味が、理解できただろうか。

日銀は、金利か日銀供給か、いずれかを動かすことによって、世の中に出回るお金の量を調節している。

【図31】で言えば、垂直線を移動させるか、平行線を移動させるか。

つまり、**世の中のお金を減らしたり増やしたりするのを、金利の調節で行なうか、日銀供給の調節で行なうか、という違いだけ**である。

知らなくては話にならない「実質金利」

政策金利が動けば、民間の金利も動く。

ここまでは理解できたと思う。

だが、それだけでは、まだ金利について半分しか説明していない。

この先の話をすんなり理解するために、もうひと頑張りしてほしい。

日銀が決める政策金利は、「名目金利」だ。読んでのとおり「名目上の金利」ということである。「**額面の利子**」といってもいいだろう。

では、名目ではない金利はあるのかというと、ある。

ここが重要なポイントだ。

名目上ではない金利は、**実質的な金利という意味で「実質金利」**と呼ばれる。

どこが「実質」なのかというと、**「物価上昇率（インフレ率）」**を考慮している点だ。

ご存知のとおり、物価は変動する。

物価とは、先のコラムでも説明したように、「モノとお金の量のバランスによって決まるモノの価値」だから、視点を反転させれば、物価が変動するというのは、「お金の価値が変動している」ともいえる。

たとえば「100円に対して1パーセントの利子」といっても、その100円の価値が変われば、利子の1円の価値も変わる。物価が上がっていれば、利子の1円で買えたものが、今は買えなくなっているかもしれない。

あくまで**額面にすぎない名目金利では、この「価値の変動」をとらえきれない**のだ。

そこで出てきたのが、「実質金利（＝名目金利－インフレ率（予想インフレ率））」という考え方だ。

すると、何が起こるか。p136の計算を見てみよう。

☆実質金利＝名目金利－インフレ率（予想インフレ率）

① 名目金利は２％、インフレ率は１％
→実質金利＝２－１＝１％

② 名目金利は１％、
インフレ率はマイナス0.5％（デフレ状態）
→実質金利＝１－（－0.5）＝1.5％

③ 名目金利は0％、予想インフレ率は２％
→実質金利＝０－２＝マイナス２％

見ればわかるように、そのときどきの物価の動向によって、名目金利は2パーセントでも実質的には1パーセントになることもあれば、名目金利が1パーセントでも、実質的には１・５パーセント、ということが起こる。

さらには、三つめの例のように実質金利がマイナスになることもある。

名目金利はゼロでも、「予想インフレ率」が高ければ実質金利はマイナスになるのだ。

これが、金融政策を理解するには欠かせないポイントなのである。

次項で詳しく説明しよう。

目的は「インフレターゲット」、達成のための「量的緩和」

金利は、低くなるほどお金を借りる人が多くなり、世の中に出回るお金が増える。

ということは、デフレによる不景気時の金融政策としては、とにかく金利を下げることが、景気回復のカギとなるといってもいいだろう。

そこで重要なのが、実質金利を下げてくれる予想インフレ率なのだ。

前項で説明したように、予想インフレ率を高くすれば実質金利は下がる。

では、予想インフレ率は、どうやったら上がるのだろうか。

キーワードは、「インフレターゲット」と「量的緩和」である。

日銀が、将来の目標インフレ率を掲げることを「インフレターゲット」と呼ぶ。

「2年後に、2パーセントのインフレにします」などと宣言するのである。

ただし、**目標を掲げるだけでは単なるコケおどしだから、目標を達成するための策をとる。それが「量的緩和」だ。**量的緩和とは、単純にいえば「**日銀が、民間金融機関の日銀当座預金の残高を増やすこと**」である。

前にも言ったように、日銀は必要に応じて自由にお金を増やすことができる。

理論上、限界はない。

さて、量的緩和によって資金が潤沢となった民間金融機関は、金利を下げ、盛んに企業や個人にお金を貸そうとする。そして、世の中に出回るお金が増えれば、「**モノに対するお金の量が増える」ため、モノの価値が上がる、つまりインフレになる……という「予想」が世の中に広がることが、「予想インフレ率」**である。

つまり、**量的緩和とは、日銀当座預金を増やすことで「これからインフレになる」という期待を世の中に作り出し、結果、実質金利を引き下げる政策**なのだ。

金融政策を理解するには、この実質金利をきちんと理解しておく必要がある。

よく「金融緩和には限界がある」と言う、経済学者がいる。

名目金利はゼロ以下にまでは下げられないから、ゼロにまで下がった時点で、それ以上の緩和効果は出せない、というのである。

しかし、ここまでの話を理解できた読者なら、もうわかるだろう。

名目金利はゼロ以下にできなくても、量的緩和によって、日銀が提供するお金の総額を増やし、予想インフレ率を高くすることは可能だ。

名目金利（政策金利）も日銀が決める、予想インフレ率も日銀が決めるので、実質金利も日銀が決めていると言っても過言でない。それほど、日銀の役割は大きい。

なぜ「インフレ目標」は2％なのか

日銀はこれまで「インフレ目標２％」という数字を掲げてきた。２％という数字はもちろん、根拠のある数字なのだ。これについて説明しておこう。

インフレ率が上がるということは、ごく簡単に言えば、景気がよくなるということである。物価が上がり、インフレ率も高くなる。また、景気がよくなれば、雇用も増える。つまり、インフレ率が上がれば、物価が上がり、逆に失業率は下がることになるわけだ。

インフレ率と失業率。この二つを同時に考えることが経済においては非常に重要である。

このとき知っておきたいのが、物価と失業率の関係性を示す「フィリップス曲線」だ（図32）。

図32　フィリップス曲線

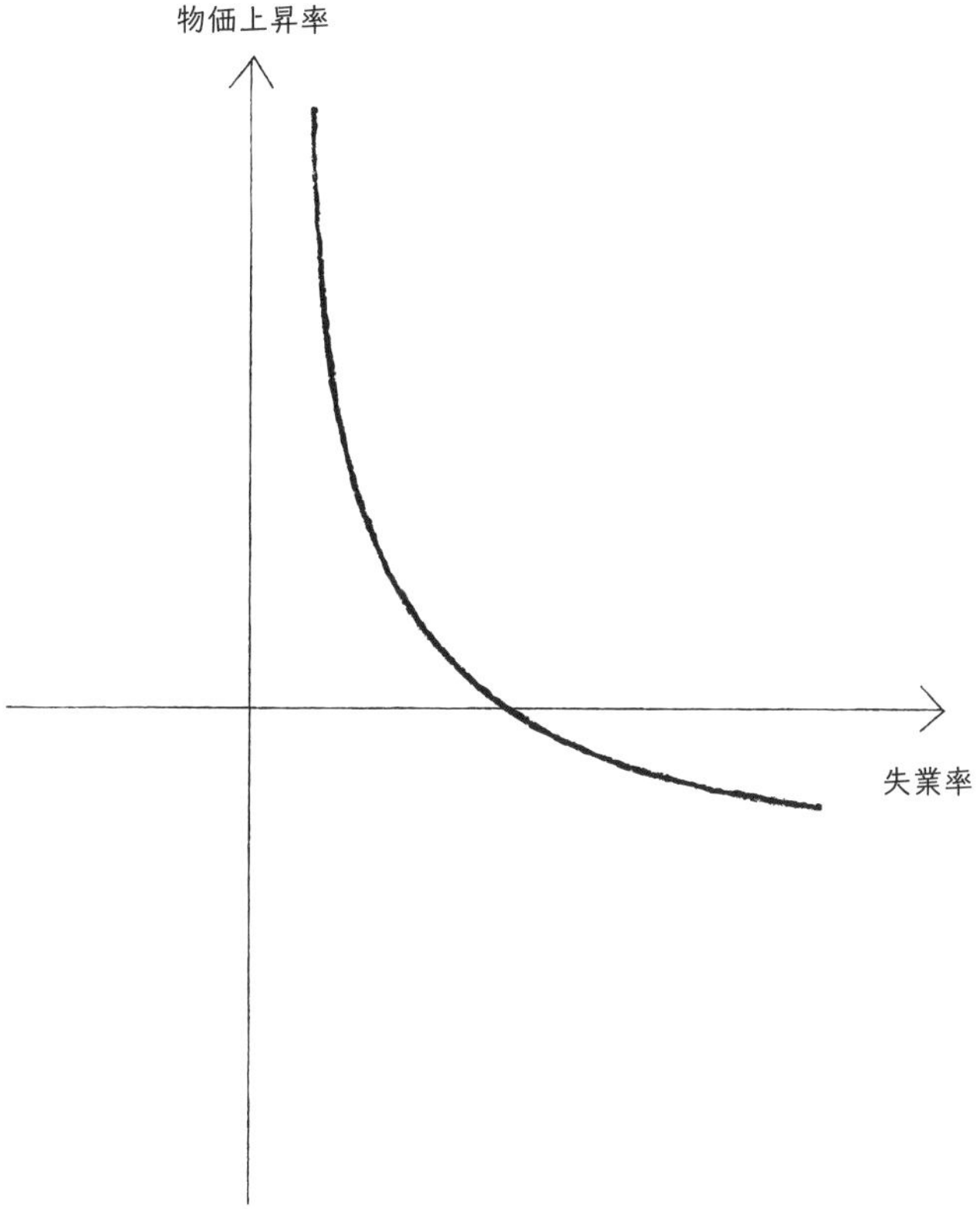

【図32】を見てわかるとおり、物価が低いとき、つまりインフレ率が低いとき、失業率は高くなる。

逆に、物価が上がっているとき、つまりインフレ率が高いとき、これは景気がよいということなので、失業率は低くなる。

こうした、物価と失業率における反比例の関係性が、重要であるのはもちろんのこと、フィリップス曲線においてもう一点注目したいのは、「失業率はゼロにはならない」ということだ。

失業率は下がるとしても、限度がある。

インフレ率を上げていけば、失業率が下がるのだが、ゼロまでは下がらない。どこまで下げられるかは国による。

だが、ある一定の数値まで下がったら、インフレ率がいくら上がろうとも、失業率の数字は下げ止まったまま変わらないという点は、どの国においても共通している。

この現象を「NAIRU（Non-Accelerating Inflation Rate of Unemployment）」と呼ぶ（図33）。

図33　NAIRU（インフレ非加速的失業率）

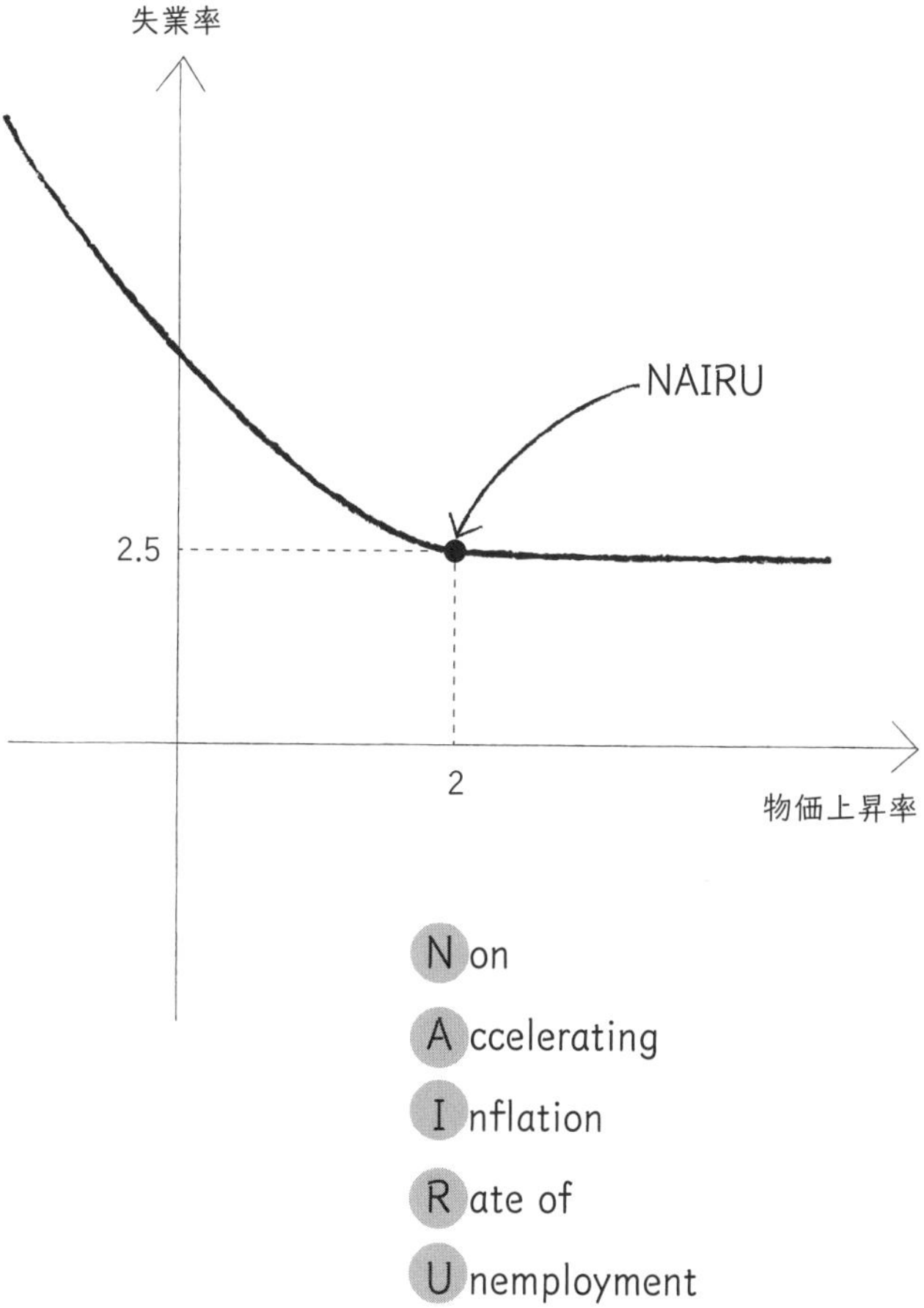

インフレを加速させない最低水準の失業率のことで、日本語では「インフレ非加速的失業率」とも呼ばれている。

そして、日本では、もっとも失業率が低くなるときで、2・5％くらいになるとされている。

2・5％で失業率は下げ止まり、景気もそれ以上よくはならない。それなのに物価ばかりが上がるというのは問題だから、インフレ率をさらに上げる必要はないわけである。

では、失業率が2・5％近くまで下がったとき、インフレ率は何％になるのか。

これが、2％なのである。

「インフレ目標2％」という数字は、ここからきている。失業率が下限に達するときの物価上昇率の推計値が2％、という意味なのだ。

経済学を知っているものなら、NAIRUの達成、つまり失業率が下限になるまでは金融緩和を続けるだろうということは、すぐに予測が立つ。それがセオリーだからである。

こうした話を抜きにして、

「利上げするのか」

「金融緩和を続けるのか」

と騒いでもあまり意味はないのだ。

マイナス金利って、どういうこと？

マイナス金利とは、民間の金融機関が持っている日銀当座預金の名目金利が、マイナスになることである。

ここで、日銀当座預金について、もう少し理解を深めておこう。

そもそも、なぜ民間金融機関は日銀当座預金を持ち、法定準備金を入れておくことを義務付けられているのか。それは、日銀当座預金には、

・民間の金融機関同士の取引、民間の金融機関と日銀の取引、民間の金融機関と政府の取引の決済口座

・企業や個人が民間の金融機関に持っている預金口座の支払い

という役割があり、**つねに一定額が入っていないと困ったことになる**のだ。

あなたも、カードの支払いなどに使う取引口座を持っているのではないか。そこには、一定以上の金額を入れておくだろう。

それと同様、日銀当座預金は、民間金融機関の取引口座であり、一定の額が入っていないと、取引不可能となりかねない。


この話がもっとも身近に感じられるのは、個人の預金だろう。

あなたが銀行に預けているお金は、ほかの個人や企業への投資に使われている。銀行は、要するにその運用益で食べているわけだが、あなたから預かったお金をそのまま投資するわけにはいかない。

いつ、あなたが「払い戻したい」「解約したい」と言い出すかわからないからだ。

もし、会社から振り込まれたあなたの給料が、右から左へと投資に回されていたら、あなたが「持ち合わせが足りない」と銀行ATMに行っても、お金を引き出せないことになってしまう。

つまり、民間の金融機関には、あなたに払い戻すお金と、個人や企業に貸すお金の両方が必要になる、というわけだ。

だから、民間の金融機関は、日銀当座預金にお金を預けておいて、預金者に払い戻すお金に当てていているのである。

さて、「預金」というからには、日銀当座預金にも利子がつく。

マイナス金利は、日銀当座預金の超過準備（法定準備金を超えた額）にかかる金利を、文字どおり「マイナスにする」ということなのである。

ピントはずれの「マイナス金利」批判

「マイナス金利は量的緩和と矛盾する」
「マイナス金利によって量的緩和の効果が抑制される」

テレビや新聞で、こんな話を耳にしたことがある人もいるかもしれない。

経済ニュースに反応するのはけっこうだが、そこで繰り広げられている話を理解しようとしても、何のタメにもならない。

誤って理解している人が多いからだ。

マイナス金利を批判する人たちは、民間銀行が日銀当座預金をしなくなる（金利がマイナスでは損をする）から、日銀当座預金を増やす量的緩和とマイナス金利政策は矛盾する、という。

だが、これがまったくピント外れなのだ。

なぜピント外れなのかを説明するために、まず「マネタリーベース」という言葉を説明しておこう。

これは、**「日銀が世の中に供給するお金の総額」**、言い換えれば、**「日銀当座預金＋世の中にある日銀券（貨幣）」**だ。なんのことはない、単なる言葉の理解である。

この定義を頭に入れて、次に進んでほしい。

マイナス金利になれば、たしかに、民間金融機関は日銀当座預金から超過準備を引き出すだろう。**「利子を支払う損」を避けるため**である。

じつは、**これこそが日銀の狙い**と言ってもいい。

なぜなら、**民間金融機関が手元に置く資金が増えるほど、世の中にお金が回りやすくなる**からだ。

日銀当座預金から引き上げたお金をただ持っているだけでは、民間金融機関の利益は上がらない。だから、そのお金を民間企業への貸し出しに回す。

でも、自分だけ高い金利のままでは、誰も借りに来てくれない。そこで、こぞって金利を下げ、だいたい同じくらいの低金利に落ち着く。

すると、企業や個人がお金を借りやすくなる。

こうして世の中のお金の巡りがよくなると、経済が活性化する。経済が活性化すると、もっと日銀券が必要になる。その需要に応えて、日銀はお札を刷る。

結果、マネタリーベースは増えるというわけだ。

このように順を追って全体の動きをとらえれば、**マイナス金利は量的緩和と矛盾しないことがわかるはずだ。**

「日銀当座預金が減るから量的緩和と矛盾する」とは、要するに連鎖反応が起こる前の一点しか見ていない。単なる「マイナス」という語感で大騒ぎするというのも、何も本質がわかっていないだけだ。

ただ、民間金融機関の心境は複雑である。

企業や個人に貸すお金の金利は引き下げるが、かといって企業や個人から預かるお金の金利は、容易には下げられない。

そんなことをしたら、預金を解約して「たんす貯金」にしたり、自分で投資を始めたりする人が増えてしまうだろうからだ。

ひと言で言えば、**受け取る金利は下げても、支払う金利は上げられない。つまり、民間金融機関にとっては、利幅が押しつぶされることになる**のだ。

ただ、もう一つ景気が盛り上がらないなか、本来であれば多少の痛みは引き受けてしかるべきである。

繰り返すが、**金利が下がれば、企業や個人はお金を借りやすくなる**。

すでに借金がある人も、利下げ後の利率で新たに借金をし、元の借金を返済してしまえば、本来、支払うはずだった利子を大幅に免れることになる。これを「**低利借り換え**」などという。

なんであれ、金利の引き下げは金融緩和の一環だ。

お金を借りる人が圧倒的に得をし、そうして景気がよくなっていくのだから、社会的には旨みが多いものなのだ。

というわけで、「景気が悪ければ金利を下げる」という金融政策の基本は、ここでも不変だ。

マイナス金利もまた金融緩和の一つであり、量的緩和とは何も矛盾しないのである。


ちなみに、今まで説明してきたように需要と供給は基本であるが、じつは現役の日銀審議委員でも間違えることがある。

2016年6月2日の「釧路市金融経済懇談会における挨拶要旨」という、日銀の公表資料に、当時の日銀の佐藤健裕審議委員が「私は、マネタリーベース目標及び資産買入れ目標を段階的に減額、すなわちテーパリングする際であれば、マイナス金利を導入することに意味があると考え、1月の金融政策決定会合でその旨を反対理由に挙げた」と語ったと、書かれている。

テーパリングとは、ひと言で言えば量的緩和を縮小することである。

つまり、佐藤審議委員（当時）は、日銀による金融緩和が終わる際には、マイナス金利にするとマネタリーベースの量が減るから、マイナス金利は金融緩和が行なわれている今ではなく、金融緩和を終わらせるときに使うべきだと言ったわけだ。

マイナス金利になると、銀行がマネタリーベースを減らすということを言いたいのだろう。つまり、「マネタリーベースの需要が減る」というわけだ。

たしかに、需要が減れば（需要曲線が左にシフト）、金利が下がる。

しかし、日銀審議委員として、マネタリーベースを減らすと言うと、「日銀によるマネタリーベースの供給を減らす」となってしまう。

前にも「お金が減れば金利が上がる」と言ったように、日銀によるマネタリーベースの供給が減れば、金利は上がる。つまり、マイナス金利なんてできない。無理にマイナス金利にしようとすれば、マネタリーベースの供給を猛烈に増やすしかない。

金融緩和を縮小するということは、インフレになっているということだ。

だからこそ金融緩和をやめようとするわけなのに、佐藤審議委員が言う「金融緩和の終わりの時期にマイナス金利を導入する」というやり方では、インフレに油を注ぐことになる。

佐藤審議委員は、需要と供給、もっと言えば貨幣供給量と金利変動の連動性を混同していたのだ。

金融緩和＝円安に振り向ける政策

前に、量的緩和をすると円安になると言ったが、そもそも為替レートがどのように決まるか、知っているだろうか。

これは非常に簡単な話だ。ドルと円で考えてみよう。

まず、**為替レートは「交換比率」で決まる。**

字面から難しく感じるかもしれないが、要するに**モノと金を交換するのとまったく同じだ。**

つまり、**物価が決まる仕組みと同様に考えれば、為替も理解できる**わけである。

ただし、ここで述べる話は長い目で見れば成り立つということで、この原理を明日や半年以内の為替の予測に使ってはいけない。

正直に言えば、半年以内の短期の世界で、為替の動きはほとんどランダムに近く、正しく予測できる人は、神様のような超能力を持った人と考えてもいい。

前に、物価は、モノとお金のバランスで決まると説明した。モノに対してお金が多くなればインフレとなり、モノに対してお金が少なくなればデフレとなる。これは、言い換えると、**モノとお金のバランスによって、両者の価値が変わる**ということだ。

つまり、**モノに対してお金が多くなれば、お金の価値が下がったということ、反対にモノに対してお金が少なくなれば、モノの価値が下がったということ**である。

これをドルと円に、置き換えてみればいいだけだ。

たとえば、日銀が量的緩和をすれば、当然、円が増える。ドルに対して円が多くなるということだから、円の価値が下がる。だから円安となるのだ。

円安になれば、輸出が伸びるため、総需要曲線が右にシフトする一因となる。

また、量的緩和でなくても、金融緩和は結果的に世の中に出回るお金、すなわち円の量を増やす。

したがって、**金融緩和そのものが円安に振り向ける政策**と考えていい。

このように、交換比率で決まる為替レートは、長い目で見れば、じつは単純な計算で予測できる。

円とドルの為替レートなら、円のマネタリーベースをドルのマネタリーベースで割り算すれば、1ドルあたり何円くらいかがだいたいわかるのだ。

ご存知のように、為替レートは毎日移り変わっている。

今の割り算では、小さな変動のすべてをとらえることはできないが、**長期的に見た場合、為替とは単にマネタリーベース同士の割り算なのだ**、ということは知っておいて損はない。

では短期的な為替レートはどう決まるのかというと、これはまさに**通貨の需要と供給がポイント**となる。

よく、「円に買い注文が集中して円高になった」などと言うが、「円が買われる」といっても、誰かがドルの札束を差し出し、円の札束を「買っている」のではない。

実際には、**ドルを円に変換して、円建ての資産を買っているのだ。**

そのほとんどが、国債だ。たとえば米国債を売って日本国債を買うことを「**ドルを売って円を買う**」というのである。

したがって、**日々の為替変動は、どれだけドル建てや円建ての資産が売り買いされたのか、というバランスで決まる**と考えていい。

ドルに対する円の価値を需給曲線に当てはめると、【図34】のようになる。円の需要と供給のバランスによって円の価値が決まるから、Pは「ドル／円」、Qが「為替の取引高」となる。

たとえば、ドルがたくさん売られて、円がたくさん買われたとしよう。これは、円の需要が上がるということだから、円の需要曲線が右にシフトする。相対的に円の価値が高まり、円高ドル安になる、というわけだ。

為替市場では、日々、各通貨への需要がランダムに増えたり減ったりしている。したがって、この需給曲線では、供給曲線より需要曲線のほうが、日々、細かく移

図34　為替の需要供給曲線

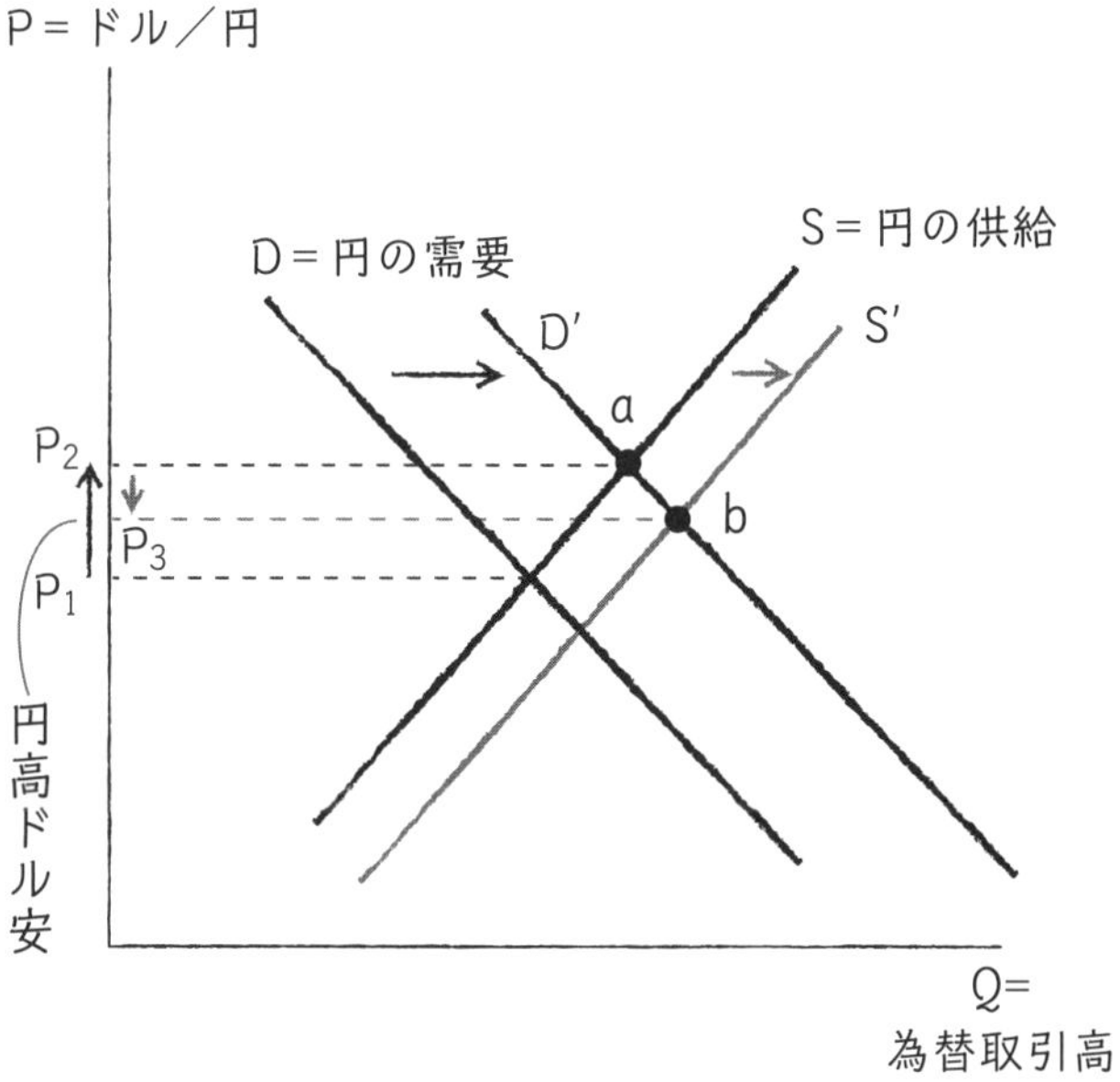

動していると考えたほうがいい。この需要曲線の動きが、どちらに振れるかは明確な法則性がなく、サイコロの目のようである。この意味で、短期の予想はできないと前に書いたわけだ。

供給曲線が動くのは、中央銀行が金融政策をしたときだ。すでに説明したように、量的緩和や金利引き下げといった金融緩和がとられると、その国の通貨が増える。

たとえば、日銀が金融緩和をすれば、【図34】の供給曲線が右にシフト（S'）する。これが、日々、円買いが増えて需要曲線が右にシフトし続けP_1からP_2へと円高ドル安が進んでいるときに行なわれれば、需要と供給が交わるポイントは、aからbへと移動し、P_2からP_3へと円高を和らげることができるのである。

逆に、たとえばアメリカ政府が日本国債をたくさん買えば、円の需要が押し上げられ、円高ドル安になる。

このように、**自国通貨の為替相場を理想的に保つために国債を売買し、通貨の需要を動かすことを、「為替介入」**と呼ぶ。

２０２２年9月、日銀は24年ぶりに円買い・ドル売りの為替介入を実施した。同年３月から進んだ円安は、８月には１ドル＝１３０円になり、それからわずか２か月ほどで、さらに20円ほど急激に円安・ドル高が進んだことを受けての介入だった。一時は、１ドル＝１５０円という水準まで円安が進んだ。

マスコミは、「円安だ、大変だ」とおおいに騒いだものだが、円安は輸出関連企業には追い風になる。実際、各社の経常利益は軒並み過去最高を記録した。

これは、法人税収と所得税収も上がることを意味する。

逆に、輸入関連企業には痛手だった。コロナ禍の影響もありコストプッシュに苦しんでいたところに、さらに追い打ちとなってしまった。

だから、為替介入による対策が必要になったのである。

金融政策は「失業率」で評価できる

2023年4月8日、10年続いた黒田東彦日銀総裁の任期が終わった。これに伴って、黒田総裁が一貫して行ってきた金融緩和政策の是非について、マスコミが大いに騒いだものだが、勘違いも甚だしいものばかりだった。

金融政策は、物価と雇用で評価できる。

とくに、金融政策がいったい何のためにあるのかと言えば、「雇用」である。マクロ経済学の初級レベルの常識だが、多くの記者が理解できていない。

黒田総裁は退任会見で「雇用を400万人作った」と自身の成果を強調したが、この事実さえ記事に取り上げない新聞社もあったほどだ。

試しに、「消費者物価」と「失業率」を基準として、２０１３年４月から２０２３年３月までの黒田時代（任期は２０１３年３月20日～２０２３年４月８日）と、その前任者である２００８年４月から２０１３年３月までの白川方明総裁時代（任期は２００８年４月９日～２０１３年３月19日）を比較してみよう。

まず、任期中の消費者物価の数字をすべて平均すると、白川時代が０．３％の下落。一方、黒田時代は０・８％上昇した。

失業率の平均は、白川時代が４・６％、黒田時代が２・９％である。就業者数で見てみれば、白川時代は約１００万人減少している。

黒田前総裁の言う通り、その後10年で逆に４００万人以上増やすことができたのは、まさに成果と呼べるものだ（【図35】）。

マクロ経済政策の目標は、失業率をNAIRUまで下げることだ。

先に、それが完全失業率の数値である２・５％以下となることを説明した。

では黒田時代はどうだったのか、わかりやすいように次の図を示しておこう（図

図35　白川時代と黒田時代の失業率の推移（月次）

白川総裁任期中の失業率の推移（平成20年4月～平成25年3月）

平成20年（2008年）		平成22年（2010年）		平成24年（2012年）	
		1月	4.9%	1月	4.6%
		2月	4.9%	2月	4.5%
		3月	5.0%	3月	4.5%
4月	4.0%	4月	5.1%	4月	4.6%
5月	4.0%	5月	5.2%	5月	4.4%
6月	4.1%	6月	5.3%	6月	4.3%
7月	4.0%	7月	5.2%	7月	4.3%
8月	4.2%	8月	5.1%	8月	4.2%
9月	4.0%	9月	5.0%	9月	4.2%
10月	3.7%	10月	5.1%	10月	4.2%
11月	3.9%	11月	5.1%	11月	4.1%
12月	4.4%	12月	4.9%	12月	4.2%
平成21年（2009年）		平成23年（2011年）		平成25年（2013年）	
1月	4.1%	1月	4.9%	1月	4.2%
2月	4.4%	2月	4.6%	2月	4.3%
3月	4.8%	3月	4.6%	3月	4.1%
4月	5.0%	4月	4.7%		
5月	5.2%	5月	4.5%		
6月	5.4%	6月	4.6%		
7月	5.7%	7月	4.7%		
8月	5.5%	8月	4.3%		
9月	5.3%	9月	4.1%		
10月	5.1%	10月	4.5%		
11月	5.2%	11月	4.5%		
12月	5.1%	12月	4.6%		

黒田総裁任期中の失業率の推移（平成25年4月～令和5年1月）

平成25年（2013年）		平成27年（2015年）		平成29年（2017年）		令和元年（2019年）		令和3年（2021年）	
		1月	3.6%	1月	3.0%	1月	2.5%	1月	2.9%
		2月	3.5%	2月	2.8%	2月	2.3%	2月	2.9%
		3月	3.4%	3月	2.8%	3月	2.5%	3月	2.6%
4月	4.1%	4月	3.3%	4月	2.8%	4月	2.4%	4月	2.8%
5月	4.1%	5月	3.3%	5月	3.1%	5月	2.4%	5月	3.0%
6月	3.9%	6月	3.4%	6月	2.8%	6月	2.3%	6月	2.9%
7月	3.8%	7月	3.3%	7月	2.8%	7月	2.2%	7月	2.8%
8月	4.1%	8月	3.4%	8月	2.8%	8月	2.2%	8月	2.8%
9月	4.0%	9月	3.4%	9月	2.8%	9月	2.4%	9月	2.8%
10月	4.0%	10月	3.1%	10月	2.8%	10月	2.4%	10月	2.7%
11月	4.0%	11月	3.3%	11月	2.7%	11月	2.2%	11月	2.8%
12月	3.7%	12月	3.3%	12月	2.8%	12月	2.2%	12月	2.7%
平成26年（2014年）		平成28年（2016年）		平成30年（2018年）		令和2年（2020年）		令和4年（2022年）	
1月	3.7%	1月	3.2%	1月	2.4%	1月	2.4%	1月	2.8%
2月	3.6%	2月	3.3%	2月	2.5%	2月	2.4%	2月	2.7%
3月	3.6%	3月	3.2%	3月	2.5%	3月	2.5%	3月	2.6%
4月	3.6%	4月	3.2%	4月	2.5%	4月	2.6%	4月	2.5%
5月	3.5%	5月	3.2%	5月	2.2%	5月	2.9%	5月	2.6%
6月	3.7%	6月	3.1%	6月	2.4%	6月	2.8%	6月	2.6%
7月	3.8%	7月	3.0%	7月	2.5%	7月	2.9%	7月	2.6%
8月	3.5%	8月	3.1%	8月	2.4%	8月	3.0%	8月	2.5%
9月	3.6%	9月	3.0%	9月	2.3%	9月	3.0%	9月	2.6%
10月	3.5%	10月	3.0%	10月	2.4%	10月	3.1%	10月	2.6%
11月	3.5%	11月	3.1%	11月	2.5%	11月	2.9%	11月	2.5%
12月	3.4%	12月	3.1%	12月	2.4%	12月	2.9%	12月	2.5%
								令和5年（2023年）	
								1月	2.4%
								2月	2.6%
								3月	2.8%

※ 2011年3月～8月は岩手県、宮城県及び福島県を除く

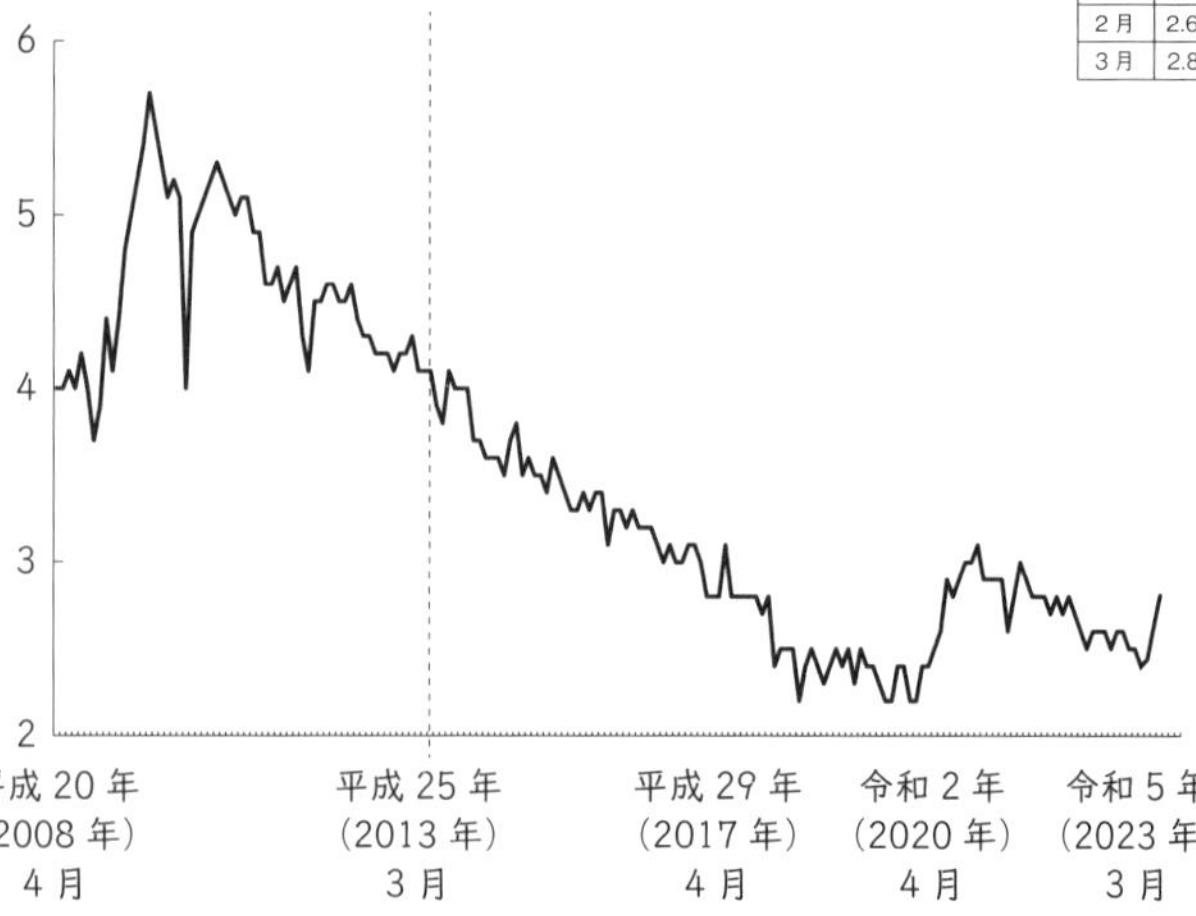

図36　GDP（左：兆円）と失業率（右：%）の推移

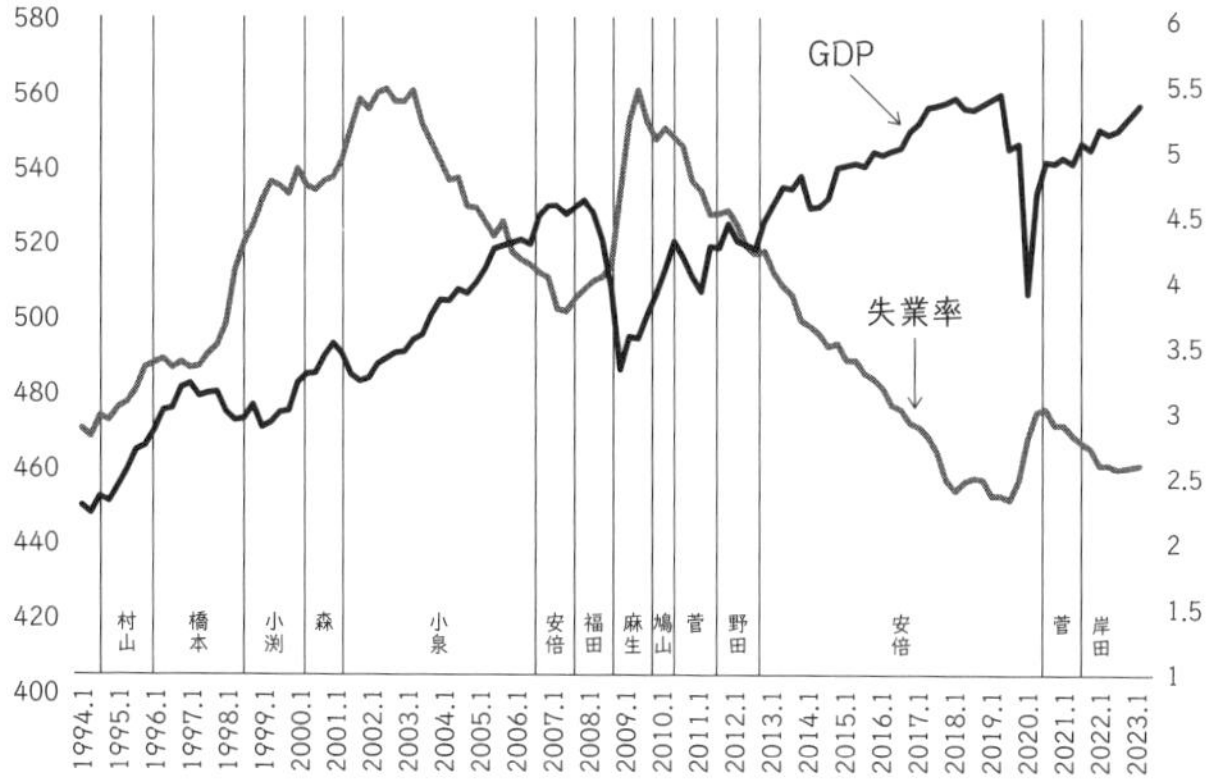

（資料）内閣府、総務省

36）。黒田時代の10年間の推移を見れば、結果は明らかである。

もっと言えば、２０１４年４月、そして２０１９年10月の消費増税が失業率の減少を足踏みさせた。２０２０年からのコロナ禍も痛かった。

これらがなければ、より早い時期に目標に到達していただろう。

黒田前総裁の退任に際して、白川元総裁は国際通貨基金（ＩＭＦ）の季刊誌に、黒田総裁時代の金融緩和を批判する内容の文章を寄稿した。

一方、新総裁となった植田和男氏は、金融緩和政策について否定まではしていないが、金融政策が雇用のためにあるとまでは明言していない。今後の出方に注目したいところだ。

植田新総裁は、東大の数学科出身であり、その後、経済学部に学士入学したという、私とまったく同じ経歴の持ち主の先輩なのだ。さらには、MIT（マサチューセッツ工科大学）でスタンレー・フィッシャーに師事し、博士号をとって、英語も堪能である。

そして、経済の話ができるということは、人と対話ができるということでもある。実際、大蔵省時代、私は植田番としてよく話をしに行ったが、優しくて社会語のできる人だった。

博士号を持ち、英語でコミュニケーションができて、組織を統率できる。

この三つは、中央銀行の総裁になるための条件として世界では常識なのだ。

しかし、これまで日本では、博士号を持つ日銀総裁はいなかった。こうした点は、日本にとってよかったと言えるかもしれない。

Column

「長期金利」は市場の予想に左右される

日銀が動かす政策金利は超短期金利だけであり、長期金利は、将来の物価変動や市場の予想に左右されると前に説明した。

ただ日銀が金融政策で金利を引き下げたと聞いても、身近な問題としてピンとくる人は、ほとんどいないだろう。政策金利そのものは、日銀と民間金融機関、民間金融機関同士の取引に関するものであり、私たち一般人には直接は関係ないからだ。

しかし、今まで見てきたように、金融政策は私たちの生活にも確実に波及効果を及ぼす。経済状況をよくするための金融政策なのだから、むしろ波及効果がなくてはおかしいということは、十分に理解できたはずだ。

ここでもう一歩話を進めて、短期金利と長期金利の関係を見ておこう。

仮に短期金利を1年物、長期金利を2年物とすると、2年金利は、「1年後の1年金利の予想」に左右される。

仮に日銀が政策金利を引き下げ、短期金利が軒並下がったとして、人々はどう受け止めるか。「ここまで下がったのだから、来年は上がる」と予想する人もいれば、「ここまで下がったのだから、まだまだ下がる」と予想する人もいるだろう。

もし、1年後の1年金利が今の1年金利と同じだという予想なら、今の2年金利と1年金利は変わらない。

でも、1年後の1年金利が今より下がるという予想（これを先安と呼ぶ）なら、今の2年金利は今の1年金利より低くなる。

逆に1年後の1年金利が今より上がるという予想（これを先高と呼ぶ）なら、今の1年金利より今の2年金利は高くなる。

少し数学に明るい人なら、次のような式で考えたほうがわかりやすいかもしれない。

$$(1+r_2)^2 = (1+{}_1r_1)(1+r_1)$$

$(1+r_2)$ → 2年金利　$(1+{}_1r_1)$ → 1年後の1年金利　$(1+r_1)$ → 1年金利

このように、**金融市場（銀行など、お金を貸し借りするところ）の相場感によって、長期金利は決められている**のである。

マイナス金利は、金利水準全般の低下になるので、資金を借りる人にはメリットだが、金貸しの銀行にとっては収益減になるだろう。このため、銀行はあの手この手で儲けようとする。

たとえば、銀行で売る投資信託や保険の手数料である。投資信託や保険の利回りがゼロに近いなかで、手数料がバカ高いことが多く、はっきり言ってお勧めできない。

また、マイナス金利と言って、預金金利までマイナスになるかのようなことを言う人には注意すべきだ。もし預金金利がマイナスなら銀行に預けないほうがいい。

預金するかどうかは預金者の選択なので、預金金利がマイナスになることはまずないはずだ。

こういうマメ知識も持っておくと、世の中の見え方が、また一段と鋭くなるはずだ。少なくとも、テレビで当たり障りのないコメントをしている人たちよりは、はるかに確度の高い考え方ができるようになるだろう。

第4章

これだけで十分！「政府と経済」の話

――財政政策は、政府がお金を「取る」「借りる」「分配する」

ダイレクトに総需要を動かす「財政出動」

財政政策とは、「政府がどれくらいお金を使うかを決めること」だ。支出を拡大することを「財政出動」、支出を縮小することを「緊縮財政」などと呼ぶ。

財政出動というのは、たとえば公共事業への投資である。

財政出動をすれば総需要曲線は右にシフトし、緊縮財政を行なえば総需要曲線は左にシフトする。なぜなら、前にも説明したとおり、総需要には「民間の需要」のほかに、「政府の需要」も含まれるからだ。

一般の消費者がたくさんお金を使うと、総需要が増えることはわかるだろう。それと同様、政府も需要者、いわばお金を使う側の一部であり、総需要の増減に直接関わる当事者なのである。

政府がみずから投資などを行なうというのは、消費者がモノを買うのと同じと考えていい。だから、**財政出動はダイレクトに総需要を動かす**のだ。

ただ、これも加減を間違えると、かえって景気悪化を招くことになる。

政府が財政出動をしすぎると、民間の活動が抑制され、結果、民間需要が減り総需要が右にシフトしなかった、ということが起こるからである。

政府が需要者として張り切りすぎると、民間需要の足を引っ張ってしまうのだ。

なぜ、そんなことが起こるのか。

政府需要を増やそうと思ったら、民間からお金を取ってくるしかない。となると、増税するか、新規国債を発行するかだからである。

増税が民間需要を圧迫するというのは、個人の実感としても想像がつくだろう。

手元にあるお金をいろいろなことに使おうと思っていたのに、その一部を税金で取られたら、使えるお金は減ってしまう。

これが日本全体に起こるわけだから、総需要曲線は左にシフトし、物価も実質ＧＤ

Pも下がってしまう。まさに逆効果であり、これは「いい財政政策」とはいえない。

ではなぜ、新規国債発行が民間需要を圧迫するかと言えば、こういうことだ。

国債を大量に発行すると、国債の金利が上がる。

これは厳密には国債の「利回り」が上がるということだ。

利回りとは、国債の金額に対する利益率といってもいい。

たとえば、「10万円の1年物国債」の金利が10パーセントだったとすると、1年後の満期には、10万円の元本に1万円の利息がついてくる。この場合、利回りは10パーセントだ。

そんなの当たり前だと思うかもしれないが、じつは、**国債の市場価格は需要と供給によって変わる。すると利回りも変わる**のである。

政府が大量に国債を発行すれば、国債を「買いたい」という人に対して国債の供給が多くなるから、値段が下がる。

でも、国債の金利は、額面金額にかかる。つまり、「10万円の1年物国債」がたくさん発行されて値下がりし、9万円で買ったとしても、金利が10パーセントなら、利息は国債の額面金額10万円に対して支払われるのだ。

その場合、元本9万円に利息1万円がついてくることになる。

10万円払って1万円の利益を得た場合は利回り10パーセントだが、9万円払って1万円を得たとなると、利回りは約11パーセントとなる。

このように、**国債の利回りは、国債の市場価格によって変わる**のである。

さて、国債が大量発行されることで国債価格が下がり、利回りが上昇すると何が起こるか。民間の貸出金利も上がる。

なぜなら、民間の金融機関は、国債の利回りにも影響されるからだ（**金融市場はすべて連動しており、日銀と国に関わる金利は、すべて民間金融機関の金利に影響する**と考えておくといい）。

すると、企業や個人はお金を借りにくくなり、民間の経済活動が抑えられてしまう。

こうして、**国債の大量発行は、巡り巡って民間需要を圧迫してしまう**のだ。

こうした現象は、クラウディングアウトと呼ばれている。

さじ加減次第で、毒にも薬にも

このように、増税にせよ、国債発行にせよ、財政出動のさじ加減を間違えると、総需要曲線を右にシフトさせるどころか逆効果になる危険がある。

ついでに付け加えておくと、日本国債の利回りが上がれば、海外の投資家にも「買いたい」という人が増えてくる。すると、前に説明した「円買い」が促進され、円の需要が高まることで円高となる。

円高は輸出を抑えるため、ここでも民間需要が圧迫されることになる。

では財政出動は行なわないほうがいいのかというと、そういうことでもない。

行なうべきか、行なわざるべきかは、民間の経済活動による。

民間企業の投資が盛んに行なわれているときに、政府が盛んに財政出動しようと思えば、せっかく民間で盛り上がりつつあった投資が冷え込んでしまう。民間企業からすれば「余計なことをしてくれるな」という話だ。

こういうときは、政府は何も手出しをしないほうがいい。高度経済成長期などは、まさにその好例で、財政出動が批判された。

政府は財政出動をする際、民間の経済活動に及ぼす影響まで考えて、決定を下さなくてはならないのだ。数年前までのように、景気が低迷し、民間企業の投資が活発でないときこそ、財政出動の出番だ。

もともと民間の投資が盛んでないのだから、政府が投資に積極的になっても、民間需要の足を引っ張る心配はない。むしろ財政出動が、総需要曲線を右にシフトさせる起爆剤となる。

たとえば、民間企業が雇用を控えているときに、労働需要を上げ、失業者に仕事を与えるという効果がある。素早く総需要曲線を右にシフトさせることで、失業率を下げる。デフレ圧力をなくすにはいい手法といえる。

このように、民間の経済活動が活発でないときに、財政出動によって総需要を底上げするのが、いい財政政策といえる。

おさらいになるが、総需要が右にシフトすれば、P＝物価も、Q＝実質GDPも上がる。つまりデフレを脱却して好景気になる。

まさに数年前の超デフレ期には、必要な政策だったといえる。

民間と政府、どちらがお金を使うのがよりいい？

前項で、増税が総需要を下げるという話をした。

ただし、財政出動とは、そもそも政府が投資するために増税するという話だから、増税分を政府が投資に使えば問題ないという見方もある。

でも、本当にそうかといえば怪しいものだ。

これは単純に、**民間がお金を使うのと、政府がお金を使うのと、どちらが有益か、という話**である。

過去を振り返ってみても、**疑いなく民間**といえる。

民間企業は利益を出すために、生きるためにお金を使う。それだけに情報には敏感だし、発想も多様だ。

しかし、政府はお金を使うために使う。情報も発想も乏しく、てんで的外れな投資を平気で行なったりする。

極端な言い方をすれば、これが最大の違いだ。だから、公共投資には、必ず「無駄遣い」という批判がついてまわるのだ。

事実、政府がお金を使って、ろくなことにならなかった実例は、過去に山ほどある。**お金の使い方で言えば、民間のほうがよほど賢く「打率」が高い**のである。

となれば、増税によってお金を民間から政府へ召し上げ、政府からまた民間へ回すというのは、ある意味、バカバカしいともいえる。言ってしまえば、せっかく民間が賢く使おうと思っていたお金を、お金の使い方がよくわからない政府が、よくわからない使い方をするために取り上げる、という話だからだ。

政府を賢いと思っている人は、民間から奪った分を政府が使えば総需要が上がると言うが、その効果は見込めない。

政府需要は、民間から奪った需要分を上回るどころか、奪った分のカバーすらできないはずだ。つまり、新たに生まれる政府需要より、圧迫された民間需要のほうが大きくなり、結果、総需要は下がってしまうわけである。

だからなおのこと、**民間の経済活動が活発なときには、政府は手出しをしないほうがいい、**というわけだ。政府がお金を使うのは、民間が二進《にっち》も三進《さっち》も行かなくなったときだけでいい。民間が使うことを躊躇しているお金を吸い上げて政府が使えば、総需要は上がる。

そもそも、民間を苦しめる増税はなるべくしないに越したことはない。新規国債発行にも、円高リスクが伴う。

それでも財政出動が必要となったら、私が大蔵省にいたころに掘り当てた「埋蔵金」を使えばいい。この「隠れ資産」を公共投資などに使えば、今ある民間需要に上乗せする形で、政府需要を増やすことができる。増税で消費を圧迫するリスクも、新規国債発行で円高に振れるリスクもなく、総需要を右にシフトさせることができるのだ。

富める者からはより多く、貧しい者からはより少なく

どんな状況でも、増税は景気に悪影響を及ぼす。

腹が立つのは、「消費税を上げても景気は悪くならない」と言っている学者たちだ。本当に経済の専門家なら、増税が民間需要を圧迫することは、わかっているはずだ。それなのに、増税したい財務省のポチとなって「増税しても景気は悪化しない」とのたまう。

実際に増税して景気悪化したではないかと指摘されれば、言うに事欠いて「短期的には悪化しても長期的にはメリットがある」と弁解する。

これは逃げ口上以外の何ものでもない。**そもそも長期的とは、どれくらいのスパンのことをいうのか。**

たとえば増税のせいで景気が悪化し、30年後、ようやく上向きになったとする。増税の憂き目に遭いながら、その後のよい経済政策や民間の努力で不況を脱したというときに、彼らは、「これは30年前の増税のおかげだ」とでも言うのだろうか。学者としての良識を疑ってしまう。

そもそも「長期」ばかりを言う経済学者に注意すべきだ。**ケインズは「長期的には我々は皆死んでいる」という名言を残した。**

増税賛成派が最近よく用いる論法は、「世代間格差を是正するために消費税増税は必要」というものだ。

彼らの言い分は、こうだ。

超高齢化社会の進む日本では、貧しい若者、豊かな高齢者という構図が定着している。そのうえ、年金生活者は所得税を免れる一方、若者には所得税に加えて年金保険料という重石がかかる。これでは不公平だから、万人から等しく取る消費税を増税すればいい、というわけだ。

しかし、**格差があるからこそ、万人に等しくかかる税の増税では是正できない。**

富める者にとっては痛くもかゆくもなく、貧しい者にとってはほんのわずかの増税でも生活に響く。

それが、消費税というものだ。

それなのに、格差是正のために消費税を増税するというのは、苦し紛れの屁理屈だ。

世代間格差だろうがなんだろうが、格差を是正するなら、所得税を増税すればいい。

私は増税反対を唱えることが多いが、すべての増税を否定しているのではない。

ご存知のとおり、所得税は累進課税であり、稼いでいる人ほど多くの税金を払う仕組みになっている。

「あるところからはより多く、ないところからはより少なく」税金を取るシステムは、所得分配という意味で理にかなっている。世の中全体で支え合うという、いわば「優しい税制」なのだ。

累進度合いをどうするかは、各人の好みであり、なかなか正解がないが、これはみんなで話し合って決めていくしかない。

世の中には、貧しい高齢者もいれば、金持ちの若者もいるはずだ。消費税増税論者の「世代間格差」という設定が、まずおかしいのである。

本当に格差是正にフォーカスするなら、高齢者だろうが若者だろうが、富める者からはより多く、貧しい者からはより少なく徴税するほうが容易に格差是正できる。

誰にでもわかる話ではないだろうか。

そもそも日本の財政は「まったく悪くない」

増税の是非を問うには、「そもそも国民に新たな痛みを強いるほど、日本の財政状況は悪いのか?」と考えてみなくてはいけない。

結論から言えば、「まったく悪くない」のである。

こういうことを言うと「国の借金が膨らんで大変なときに、とんでもないことだ」と言う人が必ずいる。しかし、これは大きな誤解、もっと言えば刷り込みなのだ。

国の財政状況を、「令和3年度連結貸借対照表」(バランスシート)で見てみよう(図37)。バランスシートの右側には「負債」、左側には「資産」が入る。右欄の下方にあるのが、資産から負債を引いた額だ。要するに、資産で負債をカバーして571兆円の借金が残る、ということを示している。

図37　国のバランスシート

連結貸借対照表（単位：兆円、令和3年度末）

〈資産の部〉		〈負債の部〉	
現金・預金	86.3	未払金等	15.0
有価証券	353.7	政府短期証券	88.3
たな卸資産	4.9	公債	1,103.1
未収金等	13.4	独立行政法人等債券	63.9
貸付金	161.6	借入金	42.3
貸倒引当金等	▲3.9	預託金	1.9
有形固定資産	280.1	郵便貯金	0.6
無形固定資産	1.2	責任準備金	28.8
出資金	22.3	公的年金預り金	126.7
支払承諾見返等	2.3	退職給付引当金等	8.4
その他の資産	20.9	支払承諾等	2.3
		その他の負債	33.1
		負債合計	1,514.3
		資産・負債差額	▲571.6
資産合計	942.8	負債及び資産・負債差額合計	942.8

資料：財務省

ところが、このバランスシートの資産には日銀が入っていない。日銀は立派な「政府子会社」といえるので、含めて考えたほうが日本の財政の実態が見える。

では日銀の資産はどれくらいか。

令和3年度末時点で、日銀が持っている国債は526兆円である。これを先ほどの借金残高571兆円から引けば、45兆円程度になる。

世間では「国の借金が約1200兆円もある」と騒がれているが、実際のところは、その約二十五分の一、45兆円程度と見たほうが正確なのである。

この時点で、多くの財政学者が増税論を主張する際に出す、「巨額の国の借金」という大前提が崩れてしまうのだ。

そのうえ、バランスシートには載らない重要なものがある。徴税権、つまり税収だ。税金は、個人にとっての年収のようなものだ。毎年、確実に一定額が入るが、「資産」には入らない。しかし、税金も政府のお金であることには違いない。とくに日本のような先進国の税収は、わざわざ増やさなくても、すでに莫大である。

借金を相殺するものとして、現行の税収も資産に組み込めば、45兆円なんてあっという間にカバーできて、むしろお釣りがくるくらいだ。

もちろん、借金が膨れに膨れて、将来税収を確保する徴税権を入れてもカバーできないくらい、借金が資産を上回ったら財政破綻のリスクが生じる。

ただ、それがどこまで現実的なのか。

破綻すると考えたい人たちは「すぐにでも起こりうる」と騒ぐが、実際問題として、借金がそこまで資産を上回るというのは、現実的ではない。

借金を返済するには、まず資産の売却を考えるのが普通である。

あなただって、借金で首が回らなくなったら、真っ先に家や車などの資産を売って返済に当てるだろう。

ところが、財政学者は、「資産を売却するだけでは生ぬるい」などと言い、まず行なう当たり前のことを過小評価したり、すっかり無視したりしようとしている。

日本には、じつは豊富な資産があるにもかかわらず、である。

ともあれ、彼らがいくら「増税が必要だ」と言っても、「日本は財政難」という前提が崩れれば、何も言えなくなるはずだ。

「バランスシートを見てください、ほら、日本の財政はまったく悪くないでしょう」のひと言で、終わってしまう。そもそも存在しない問題について、対策を議論するまでもない。

だが、財務省としては、増税によってお金を吸い上げて、そして自分たちの権限で再分配するという体面を保ちたい。だから、無用な増税もしたがるのだ。

消費税増税に賛成した経済学者は、要するに、そういう財務省に使われるコマとなっているにすぎない。あくまでも増税したい財務省、その取り巻きである経済学者たちは、どうしても、「日本には豊富な資産があり、財政難ではない」という事実から目をそらしたいようなのだ。

そんな御用学者や、彼らの立場から綴られた新聞記事の言うことを、鵜呑みにしてはいけない。

消費税増税で景気が悪化した本当の理由

消費税増税で景気は悪化する。

これは、過去何度も実証済みだ。

なぜ景気が悪くなるかと言えば、簡単である。

前に説明した、総需要の内訳を思い出してほしい。

「総需要＝消費＋投資＋政府需要＋輸出－輸入」である。

増税によって景気が悪化するかどうかを見るには、総需要の推移を見る。つまり、増税後に、総需要の要素の一つひとつがどう動くかがポイントだ。

まず、「消費」は落ちる。

１０８０円で買えていたものが１１００円になれば、買い控えて当然だろう。

投資は、消費税とはあまり関係がないから、とりあえず変わらないと考えておこう。政府需要は上がる。増税によって政府の収入が増え、その一部は債務返済に回すが、残りは政府支出に回すからだ。

そして輸出はあまり変わらないだろうが、輸入は落ちる可能性が高い。輸入品にも消費税がかかり消費者マインドが冷え込めば、輸入品の売り上げ低下につながると予想できる。ただ、輸出入には為替の変動も関わるから、ここでは不問としておこう。

となると、**目立った変化は消費が落ち、政府需要が上がる**という点だ。**どちらの影響のほうが大きいかと言えば、明らかに消費の落ち込み**である。政府需要が上がるといっても、増税した分がすべて効率的に政府支出に回るわけではない。

そこには必ず無駄が生じることを、織り込んでおかなくてはならない。さらに、税金は強制的であり、それは消費マインドに大きな影響を与えるので、その波及的な悪影響もある。

図38 消費税UPで景気悪化

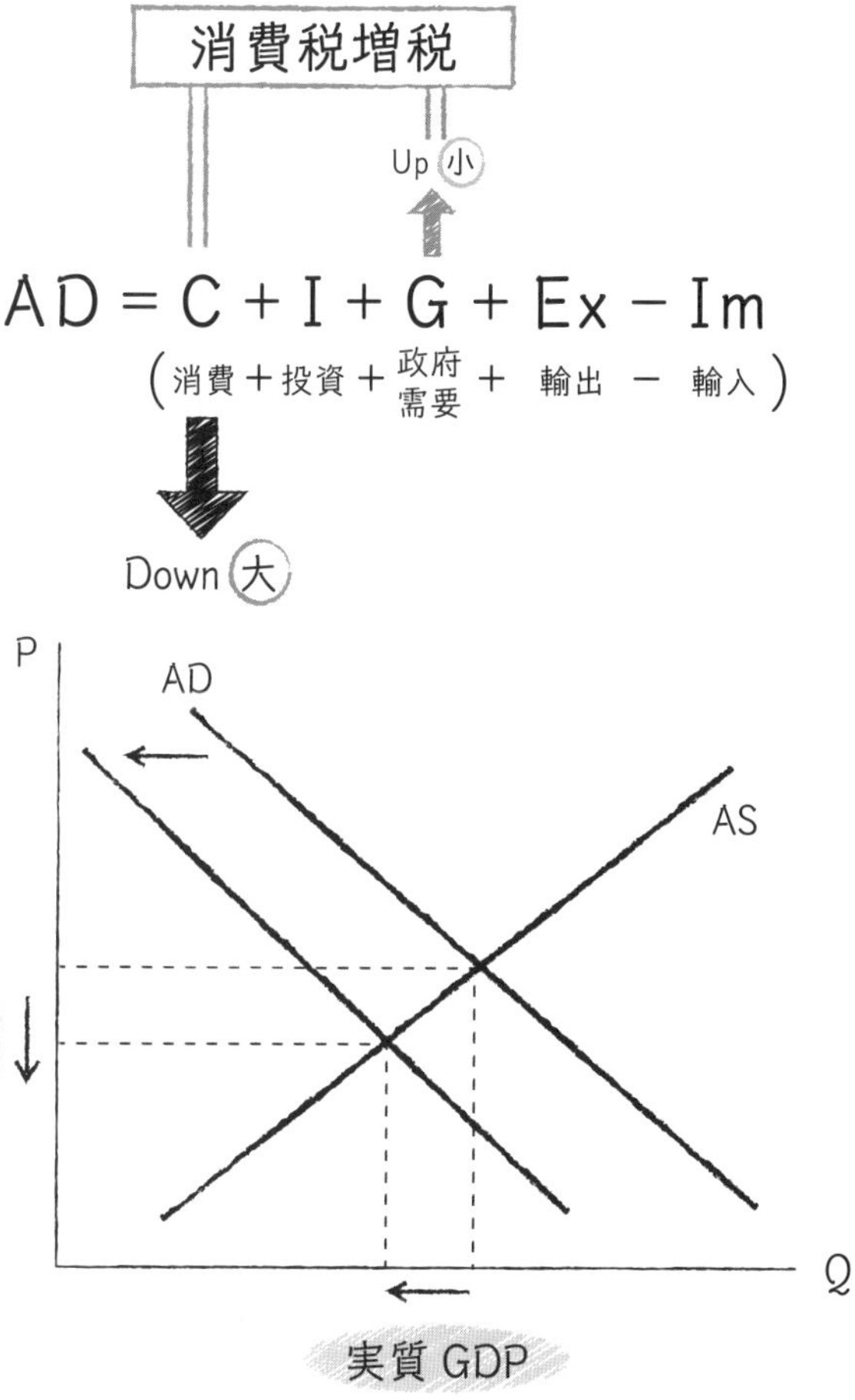

というわけで、消費税増税をすると、【図38】のように総需要曲線は左にシフトする。物価は下がり、実質GDPが下がる。これが増税で景気が悪化するメカニズムである。

考えてみれば、シンプルきわまりない話だと思うが、どうだろうか。

だから私は、景気の動向を無視した増税に反対なのである。

よほど景気が過熱して、総需要曲線が右にシフトしたときには、増税によって民間からお金を召し上げ、総需要曲線を左にシフトさせ、インフレを少しクールダウンさせることも必要だろう。

しかし、**たいていの場合、増税は私たちの満ち足りた生活の足を引っ張るだけ**だ。

もちろん、減税すれば、先の説明とまったく逆のことが起こる。

ただ、減税は、日本では政治的に難しいと見たほうがいい。海外ではよくある話なのだが、日本で、一度上げた税を下げるというのは、とくに消費税では一回も例がない。

そこで、たいていは、増税で吸い上げた分を財政支出によって民間に戻す、という手法がとられる。財務省は、そうすることで権限を保っているのである。

ちょっと考えても、お上がお金を吸い上げて、それをお上がうまく使うという発想が、私には気持ち悪い。そんな賢い政府があるのだろうか。

なぜ自由貿易がいいかも、需要供給曲線でわかる

財政政策とは、政府が国内経済に働きかけること。その手法は、税制改革や政府支出のコントロールであることが理解できたと思う。

そうした役割が理解できると、国内経済の今後の変化に対して政府がどんな手を打てばいいのかもわかるだろう。

たとえば、ＴＰＰはプラス面もマイナス面も指摘されている。

だが、これも財政政策のやり方次第では、プラスをより大きく、マイナスをより小さく、みなに旨みが回るようにもっていけるのだ。

まず、ＴＰＰを需要と供給の図で見てみよう。

ＴＰＰとは、ひと言で言えば、関税の壁を取っ払うことで加盟国間の貿易を盛んに

しよう、というものだ。

個々の品目を見ているとキリがないので、ここでは全体をとらえ、**「国内供給」と「国内供給＋外国からの供給」の二つの供給曲線**を描いてみる。

国内だけの供給より、海外からの供給が加わったほうが、総供給量は増えて当然だ。したがって**「国内供給」**はS_1、**「国内供給＋外国からの供給」**はS_2とする。

まず、国内供給曲線と国内需要曲線の関係を見てみよう。

プロローグで述べた、「消費者余剰」と「生産者余剰」の説明を覚えているだろうか。

消費者が買いたい値段の上限、生産者が売りたい値段の下限と、実際の値段との差から生じる、双方の「お得分」の話だ。

【図39】を見てほしい。需要と供給はE_1で交わり、物価はP_1になっている。

でも、国内の消費者のなかには、P_1より高い値段で買ってもいいと思っている人もいるはずだ。その上限を仮にAとすると、**三角形P_1・A・E_1が「消費者のお得分」＝「消費者余剰」**となる。

逆に生産者には、P_1より安い値段で売ってもいいと思っている人がいるはずだ。その下限を仮にBとすると、三角形P_1・B・E_1が「生産者のお得分」＝「生産者余剰」である。

では次に、自由貿易になって供給曲線が「国内供給＋外国からの供給」になった場合を見てみよう。

需要曲線と供給曲線はE_2で交わり、物価はP_2まで下がっている。となると、先ほどと同じ考え方で、消費者余剰は三角形P_2・A・E_2となる。

一方、生産者余剰は、三角形P_2・C・E_2となるが、これには海外の生産者も含まれている。

国内生産者に限ると、自由貿易下の生産者余剰は三角形P_2・B・Dだけになり、先ほどの国内供給曲線のときの生産者余剰と比べると、台形P_1・P_2・D・E_1が失われることになる。

TPPに反対する人たちのなかには、この失われる分を見て「国内生産者が衰退する」と主張している人も多いようだ。

図39　貿易自由化の経済学

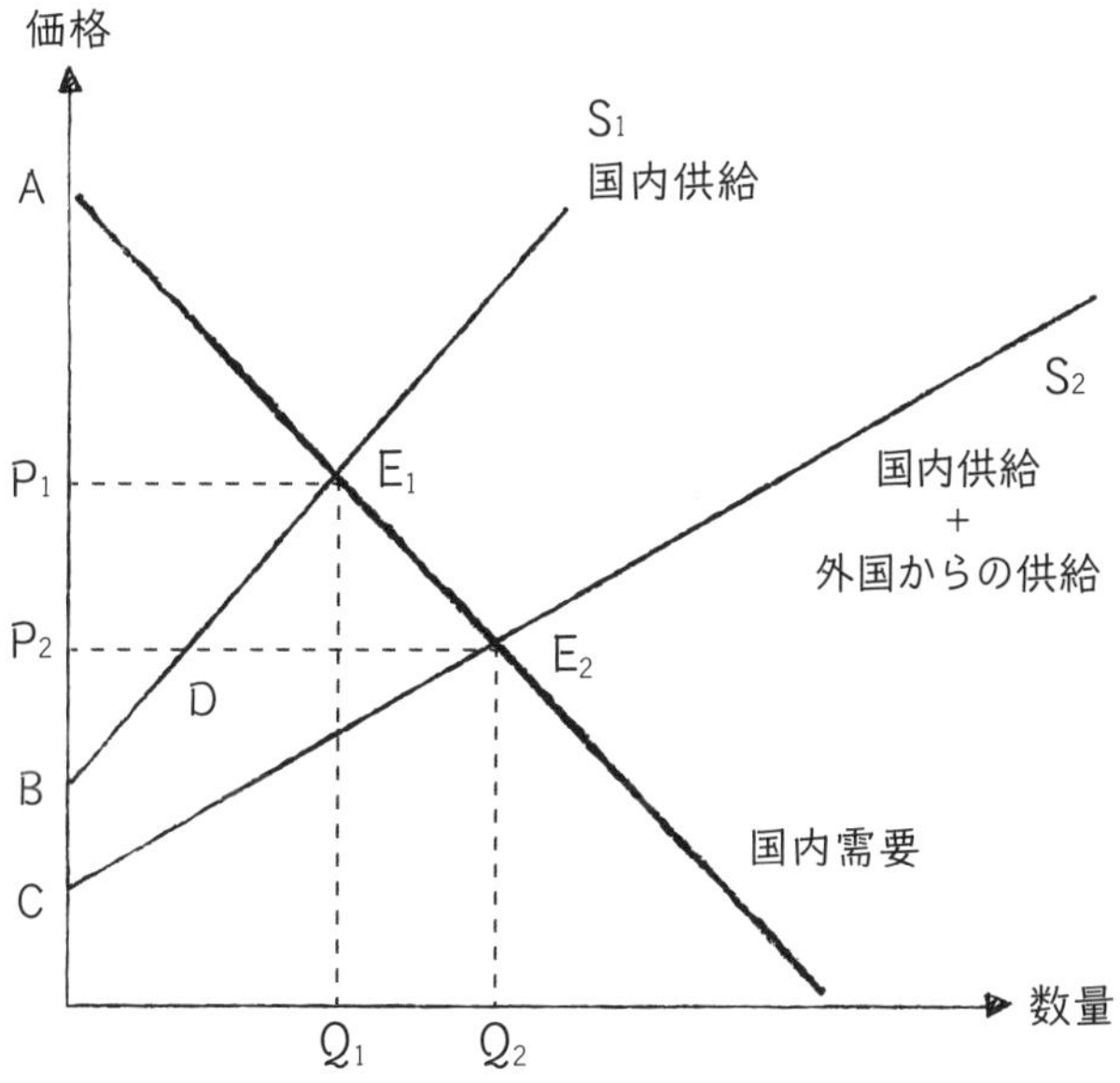

しかし、ここでも、少し視野を広げて考えてみてほしい。

自由貿易下での国内消費者余剰のプラス分＝台形P_1・P_2・E_2・E_1は、自由貿易下の国内生産者余剰のマイナス分＝台形P_1・P_2・D・E_1より大きい。

これは、この図上でたまたまそうなっているのではない。

自由貿易になれば、消費者余剰が増える一方、生産者余剰は減る。

これは事実だが、**経済理論上、消費者余剰のプラス分は、生産者余剰のマイナス分を、必ず上回る**のだ。

そして、消費者、生産者の境なく国全体として考えれば、国内消費者余剰のプラス分から、国内生産者余剰のマイナス分を差し引いた三角形D・E_2・E_1というお得分が生まれるのである。

D・E_2・E_1は、必ず生じる。政府は、その三角形の大きさがどれくらいになるのかを、試算しているわけである。

さて、このTPPの話が、どう財政政策とつながるのだろうか。

自由貿易になることで、生産者余剰が減ることは否めない。

特定の分野の個々の生産者が、窮地に陥る危険は十分にある。

国全体で見れば自由貿易はプラスでも、食うに困る企業や個人が生じてしまうことを、政府として放っておくわけにはいかない。

こういうときこそ、政府支出をすればいいのだ。

先の三角形D・E_2・E_1という、オールジャパンで得る利益を使って、窮地に立たされそうな生産者への救済措置を講じればいい。

具体的には、**儲けた人ほど多く払う所得税を使う**手だ。

生産者のほうは、当面の間、その救済措置に支えてもらいながら、生計が成り立つ分野への転身などを考えればいいだろう。

自由貿易が導入されて、儲かる人もいれば損をする人もいる。

そこで生じた差を、政府の采配で平らに近づけるというのは、**「所得の再分配」**と呼ばれる。

これも、政府が担うべき重要な財政政策の一面なのである。

ちなみに、自由貿易下で行なうべき金融政策も、あるにはある。

円高になると輸出が伸び悩むため、日本が海外で得るはずの生産者余剰が圧迫されてしまう。その予兆があったときには、日銀が金融緩和策をとり、ちょうどよい円安に調整する必要がある。

Column

必ず誰にでも活躍できる分野がある

先に、自由貿易で生業が脅かされる人は、別分野に転身するといいと述べた。こんなことを言うと、「今まで精魂込めて従事してきた仕事を、捨てろというのか」という批判がきそうだが、実際問題として、海外勢に押されて消費者を奪われたら、それまでだ。

無理に競争に挑み続けても、傷口が広がるだけである。ずいぶん冷酷だと言われそうだが、そうではない。**誰にでも勝負できる分野があり、それさえ見つければ、いくら競争相手が増えようともやっていける。**

大切なのは、見極めだ。

私は、もし今の生業が危うくなると思うのなら、もっと活躍できる分野を早く見つけたほうがいい、と言っているにすぎない。感情論で言っているのではない。これは「比較優位」という経済理論である。比較優位は、よく「アインシュタインと秘書」の例で説明される。

アインシュタインが、優れた研究者であるとともに、タイピングなどの事務仕事も得意だったとする。

しかし、事務仕事もこなそうとしたら研究の能率が落ちてしまう。だから、事務仕事は秘書に任せて、自分は研究に専念したほうがいい。事務仕事のみならず家事も得意だったとしても、家政婦に家事を任せ、自分は研究に専念したほうがいい。

このとき、アインシュタインは研究、秘書は事務仕事、家政婦は家事に専念することで、すべての仕事が成り立つ。

これを「比較優位」という。**一人ひとりが自分の得意分野に特化することで、互いの価値を享受できる。いわば世の中全体に「分業体制」を敷くことで、社会はより発展していける、という考え方**である。

この比較優位は、よく自由貿易の話で引き合いに出される。

各国が、自分たちの得意なモノやサービスの生産に特化し、自由に提供し合えば、結果として世界全体の生産力は上がるというわけだ。

同様に、一国内でも、個々が他より優れた分野を見つければ、みなが活躍できるし、もう生業を失う心配はない。

他より優れた分野といっても「絶対優位」である必要はない。ここがキモであり、救いのあるポイントだ。

アインシュタインの秘書は、ひょっとしたらアインシュタインより事務仕事の能力が劣るかもしれない。

家政婦は、ひょっとしたらアインシュタインより家事の能力が劣るかもしれない。

それでも、アインシュタインが研究に専念するためには、秘書に事務仕事を任せ、家政婦に家事を任せる必要がある。

秘書も家政婦も、事務仕事や家事において、誰と比べても絶対的に得意とはいえないが、比較的得意であることで、仕事に就ける。

こういう分野が、誰にでもあるはずだ。

だから、それを早く見つけよう。見つけるためには、今の仕事にこだわらず、広い視野を持っていろいろなことにチャレンジしてみよう、という話である。

エピローグ

これで「自分の頭」で考えられる！

知識は役に立ってこそ

本書では、経済を「需要と供給の図」だけで説明してきた。

今回、私の中にあったのは、「難しい」「わからない」と敬遠されがちな経済の話を、**とにかく、わかりやすくしたいという一念**である。

金利などに関する基本的な知識もなかった人にとっては、まずそれらの言葉を理解するために、多少、つまずくところがあったかもしれない。

だが、意味さえわかってしまえば、経済の基本とは、かくもシンプルなものなのかと実感してもらえたと思う。

世の中には、いわゆる「教科書的な経済入門書」がたくさんある。

従来のセオリーどおりに説明したほうが、じつは書き手は楽だ。本質にフォーカスし、なおかつ噛み砕いて説明するという手間が省けるからだ。

しかし、それでは一般向けの本として役割を果たすことはできない。

「たくさん覚えなくてはいけないことがある」というのは、大半の人にとっては苦痛だろう。

ましてや、「じつは覚えなくてもいいこと」だらけだとしたら徒労である。

いつも言っていることだが、知識は実社会で起こっていることについて考えるのに役立って初めて、価値あるものとなる。

次から次へと経済理論を説明しても、説明されたほうが、その知識を使って自分で考えられるようにならなければ、まったく意味がないのだ。

これも前から言っているように、使える知識は、一般人が持ちうる「最大の武器」だ。私は本書で、誰にでも使える武器を紹介したつもりである。

「わからないから考えない」を抜け出そう

私は一時期、アメリカのプリンストン大学で経済を教えていた。日本の大学と違うのは、つねに具体例を求められたことだ。ある理論を説明すると「では、その理論で、最近のこの経済動向を分析するとどうなるか」といった質問が、矢継ぎ早に飛んでくる。経済の記事を片手に質問しにくる学生も多かった。

答えるほうは大変である。

だが、同時に、「彼らは、こうして経済理論を、実際に使える知識として身につけていくのだな」「こうして『物言う国民、政府のいいなりにならない学者』は生まれていくのか」と感じ入ったものである。

一方、日本では、まず経済の教科書からして具体例に乏しいものばかりだ。これでは、どんなに熱心で優秀な学生でも、理論を使える知識にまで昇華させるのはなかなか難しいのではないか、と同情すら感じてしまう。

需要と供給の図は、私がひととおり勉強した経済理論のなかで、もっともシンプル、かつ汎用性が高いものだ。

だから、本書で取り上げたような具体例にもすぐに当てはめることができるし、もちろん、適用範囲はまだまだ広い。

これ一つを使って具体例をたくさん見ていくことが、本当に使える知識を持って、自分の頭で考えるということだといえる。

役人の都合でものを言う経済学者、銀行をスポンサーに持つ全国紙に言いくるめられ、何となく流れに任せて政治家を選ぶのは、思考停止にほかならない。

「わからないから考えない」

「考えないから流される」

は、もうやめよう。

つねづね言っているように「真実はとてもシンプル」だ。

知識を我がものとし、素直に世の中を見つめてみれば、必ず自分の頭で考えられるようになる。

自分なりの分析力・予測力を持ったときに見えるもの

化学者は、物質と物質の化学反応などを予測し、実験室で実験する。経済学者は、実社会を見て経済動向などを分析し予測を立てるが、検証できる実験室がない。その予測が合っていたかどうかを確かめることもまた、実社会を見なくてはできないのである。

そういう意味では、**経済学のフィールドは、今まさに目の前で変化している実社会**だといえる。

経済学者のなかには「予測するのは私の仕事ではない」なんて言う人がいるが、そういう自分が存在する意味は、いったい何なのかと問いたくなる。

繰り返すが、**知識がいくらあっても、実際に使えなければ、それは何も知らないの**

と同じだ。

とくに実社会をフィールドとする経済学者は、知識を持って分析し、的確に予測してこそ、この世に存在する意味がある。

それなのに、経済学者が、実社会の分析と予測を放棄したら、とたんに存在価値がなくなってしまう。放棄しなかったとしても、何度も分析し、予測したことが外れ続けたら、その人は学者として無能だということだ。

だから私は、**経済学者は「打率」がすべてだ**と言っているのだ。

ある政治家は、私から話を聞きたいと言ってくるが、その理由はただ一つ、私の予測が当たるからだという。

もし当たらなければ話を聞く意味がないとまではっきり言う。政治家はそれでいい。

こうした話は、経済学者だけにとどまらない。

化学の実験と違い、実社会をフィールドとする経済学には、大掛かりな装置も、特殊な物質も必要ない。**使うのは自分の頭、過去のデータ、これだけだ。**

使える知識を身につけるほど、誰もが、実社会を、自分の思考力を試す実験場にできるのである。

本書では、**「経済の9割は需要と供給で理解できる」**と話してきた。

残り1割を理解できるかどうかが、経済の素人と玄人の差であり、その差が、じつは相当に重い。そこまで補うには、さらに勉強し場数も踏まなくてはいけないだろう。それでも、おそらくはゼロに等しかったものを、すでに9割は理解できるようになったのだ。

じつに大きな進歩ではないだろうか。

本書で話したことは、きわめて基本的なことだ。

あとは**自分の頭でどんどん考えて、自分なりの分析力、予測力を持って世の中を読んでみてほしい。**

そう試みる人が、一人でも増えてくれればと願うばかりである。

著者紹介

髙橋洋一（たかはし・よういち）

1955年東京都生まれ。都立小石川高校（現・都立小石川中等教育学校）を経て、東京大学理学部数学科・経済学部経済学科卒業。博士（政策研究）。

1980年に大蔵省（現・財務省）入省。大蔵省理財局資金企画室長、プリンストン大学客員研究員、内閣府参事官（経済財政諮問会議特命室）、総務大臣補佐官、内閣参事官（総理補佐官補）等を歴任。

小泉内閣・第一次安倍内閣ではブレーンとして活躍し、「霞が関埋蔵金」の公表や「ふるさと納税」「ねんきん定期便」など数々の政策提案・実現をしてきた。

また、戦後の日本における経済の最重要問題といわれる、バブル崩壊後の「不良債権処理」の陣頭指揮をとり、不良債権償却の「大魔王」のあだ名を頂戴した。

2008年退官。

その後、菅政権では内閣官房参与もつとめ、現在、嘉悦大学経営経済学部教授、株式会社政策工房代表取締役会長。

『【図解】ピケティ入門』『【明解】会計学入門』『【図解】統計学超入門』『外交戦』『【明解】経済理論入門』『【明解】政治学入門』『99％の日本人がわかっていない新・国債の真実』『【図解】新・地政学入門』（以上、あさ出版）、第17回山本七平賞を受賞した『さらば財務省！ 官僚すべてを敵にした男の告白』（講談社）など、ベスト・ロングセラー多数。

たった１つの図《ず》でわかる！
【図解《ずかい》】新《しん》・経済学入門《けいざいがくにゅうもん》　〈検印省略〉

2023年　6　月　24　日　第　1　刷発行

著　者――髙橋　洋一（たかはし・よういち）
発行者――田賀井　弘毅
発行所――株式会社あさ出版
〒171-0022　東京都豊島区南池袋 2-9-9 第一池袋ホワイトビル 6F
電　話　03（3983）3225（販売）
　　　　03（3983）3227（編集）
F A X　03（3983）3226
U R L　http://www.asa21.com/
E-mail　info@asa21.com
印刷・製本　広研印刷（株）

note　http://note.com/asapublishing/
facebook　http://www.facebook.com/asapublishing
twitter　http://twitter.com/asapublishing

ISBN978-4-86667-515-2 C2034